筋トレがすべてを
解決する

「鍛える」理由48

枝光聖人
Masato Edamitsu

三笠書房

はじめに――鍛えない理由って逆に何？

この本を手に取っていただき、ありがとう。

あなたがこの本を選んだということは、体を鍛えることに関心がある人だろう。

これからはじめようという人かもしれないし、すでに相当鍛えている人かもしれない。

これからはじめようという人は、**本書を読めば、体を鍛えることで得られるメリットを具体的に、かつ漏れなく広範囲にわたって知ることができる。**

筋トレで、体が強くなるだけでなく、心が整い、仕事もはかどり、人生全般が楽しくなることを腹の底から理解できるだろう。

そして、**トレーニング人生の最高の第一歩を踏み出せる**にちがいない。

あるいはすでに相当鍛えている人には、**モチベーションの維持に役立つ**だろう。

ときにトレーニングとは孤独なものだ。あるときはスランプで、またあるときはプライベートにおけるストレスで、一時的に意欲が落ちることもある。

そんなとき、**この本は、あなたの「鍛え続ける力」を強く支えてくれる。ときに激励してくれて、ときに叱咤してくれる。**あなたの長いトレーニング人生のよきパートナーとなることだろう。

また、**自分がなぜ筋トレが好きなのか、その理由について新たな発見もある**にちがいない。この本には筋トレマニアを自称する人でも目からウロコの内容が書かれていると自負している。

「そこまで言い切るあなたは何者か?」

そう思われた方もいるかもしれない。

ひとことでいえば、私は筋トレ愛好者だ。ただ筋トレが好きすぎるあまりに、ボディビルダーとして25年以上大会に出場し、トレーナーとしても30年で約4万人以上のトレーニングを指導し、大学院で筋肉の研究を行ない、中高年専門のパーソナルトレーニングジムも経営している。

私はこれまで長い間、自ら筋トレの恩恵を受けるだけでなく、多くの人が筋トレによって人生が好転する姿を見てきた。

筋トレで体が変わる。それによって気持ちも変わる。性格も変わる。その結果、人間関係も変わり、人生そのものが好転する。その事実をさまざまな角度から、確かな理由とリアルな事例を交えつつお伝えしたい。

また、私は、日本初の中高年に特化したパーソナルジムを運営しているということもあり、運動から遠のいてしまった人や、高齢者の筋トレノウハウについては自負もある。


筋トレで、なぜ免疫力が上がるのか？

なぜ生活習慣病が予防できるのか？

なぜ体が疲れなくなるのか？

なぜメンタルが安定するのか？

なぜ劣等感が消えていくのか？
なぜ眠りが深くなるのか？
なぜ目標達成力がつくのか？
なぜ夫婦関係がよくなるのか？

……その理由を、本書では紹介していく。

体を鍛えるメリットは、はかりしれない。筋トレは、人生のあらゆる問題を解決してくれる。むしろ**「鍛えない理由って逆に何？」**と聞きたいくらいだ。

本書が多くの人たちの心と体を強くし、元気にし、ひいては日本が元気になる一助となれば望外の喜びだ。

枝光聖人

Contents

Contents

第2章 心を整えるために

筋トレで――

Contents

第3章 いい仕事をするために

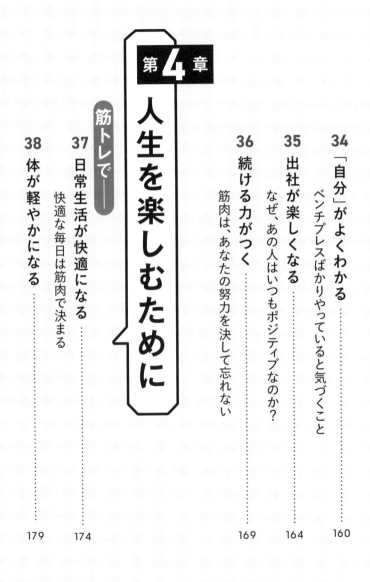

第4章 人生を楽しむために

筋トレで──

Contents

編集協力／樺木 宏
本文DTP／株式会社Sun Fuerza

第1章

体を強くするために

REASON 1

筋トレで免疫力が上がる

筋肉が体、心、人生の強力な〝バリア〟になる

結論からいおう。
筋トレをすれば「免疫力」が上がる。
しかも確実に。
これは間違いない事実だ。

たとえば、あなたが風邪をひきがちで、人生の大事な場面で損をしてきたとする。

筋トレをすれば免疫力が上がり、もう風邪をひかなくなる。ウィルスに感染しにくくなる。

免疫力が弱いと、人生の大事な場面で損をしてしまう。

それはときに、あなたの幸不幸を大きく左右する。

そんな損をこの先しないで済むようにしてくれるのが、筋トレなのだ。


なぜ筋トレをすれば、免疫力が上がるのか。

平たくいえば、体温が上がり、代謝もアップするからだ。

体温を上げると免疫力が上がることは、広く知られている。

だから人は寒いときはお風呂に入り、温かいものを飲み、服を着込む。人によっては、サウナにも入るだろう。

そうすることで体温が上がり、免疫力がアップする。

これは間違いないが、しかし、それは残念ながら一時的なものだ。

ちょっとでも怠《おこた》ってしまえば、すぐに免疫力が下がってしまう。

だから気がゆるんだときは、風邪をひいてしまいがちなのだ。


でも筋トレは違う。

筋肉がある限り、自動的かつ半永久的に体温が高い状態を維持できる。

たとえていうなら、常に服を余計に一枚着ているような状態だ。

外出のときにうっかり薄着をしてしまう人はいても、うっかり筋肉を置き忘れてくる人はいない。

だから、あなたの免疫力は常に高く維持されることになる。

筋肉をつけるのは、危険から守ってくれる〝バリア〟が常に自分の体のまわりに張りめぐらされている状態にすること。

そういってもいいだろう。

ここで、こんな疑問を持つ人がいるかもしれない。

「でも、ハードな筋トレが必要なんでしょう？」

と。

安心してほしい。

体を超絶マッチョにするならいざ知らず、免疫力を上げるためであればそんなにハードな筋トレは必要ないし、逆にやってはいけない。

一般的には、体が疲れれば免疫力も一緒に下がってしまう。

それは筋トレとて例外ではなく、あまりに追い込んで一気に疲弊させてしまうと、一時的にせよ免疫力も下がってしまうのだ。


うまく免疫力を上げるための筋トレとはどういうものか？

適正な負荷の筋トレで、免疫力を「じわじわ」上げる。

それが大切だ。

いきなり大きな波を起こすのではなく、ゆるやかな波を少しずつ大きくしていくイメージだ。そうすれば、少しだけ下がった免疫力が、やがて元の状態よりも高くなる。その次の筋トレでは、また少しだけ免疫力が下がるが、すぐにそれ以上に免疫力がアップする。

まるで階段をのぼるように、ちょっとずつ、でも確実に免疫を上げていくのだ。上がるのはゆるやかだが、長い期間、無理なく高め続けることができる。

長い人生において、免疫力の持つ価値ははかりしれない。免疫力の強化を頼もしくサポートしてくれるのが筋トレだ。筋トレがあなたの人生に大きな武器を与えてくれる。

REASON 2 筋トレで生活習慣病が防げる

筋トレにハマれば、生活習慣は勝手に改善していく

「生活習慣病」と聞くと、ドキッとする中高年の人は少なくないだろう。
肥満、糖尿病、高脂血症、高血圧……。
誰もがなる可能性がある。
すでに一つや二つ予備軍になっている人も多いかもしれない。

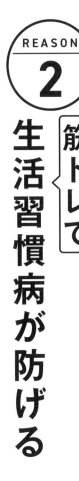

だが、過剰に心配せずともよい。

生活習慣病は、筋トレをすれば予防できる。

考えてみれば当たり前の話で、生活習慣病は、文字どおり生活習慣が乱れることから起こる。運動の習慣と栄養の習慣、そして休養の習慣が乱れることで、体にしわ寄せがいく。

これが生活習慣病というものだ。

では逆に、筋肉をつけるというのは、どういうことか？

じつは、要素はまったく同じだ。

筋トレという「運動」を行ない、筋肉の細胞を傷つける。

そして良質な「栄養」を摂り、十分な「休養」を取ることで、筋肉は元よりも強く大きく回復する。

だから**筋肉を増やそうとするだけで、生活習慣は勝手に改善する**のだ。

しかも、筋トレにはさらなるメリットがある。

それは、**「もっとやりたい」という欲が湧いてくる**ことだ。

ここは、病気の治療とはまったく異なる点だ。

誰しも、病気が治れば治療もやめる。それはやりたくてやっているのではなく、病気という苦痛から逃れたいだけだからだ。

むしろ、できるだけ早く治療をやめたいし、普通の生活に戻りたいと思っている。だから辛さを忘れたころに、生活習慣も元に戻ってしまうのだ。


しかし、これが筋トレだと逆になる。

男性なら、筋肉が大きくなってくると、とても嬉しくなるものだ。そしてもっと大きくしたくなってくる。

女性なら、筋肉の形がよくなってくると嬉しくなる。そしてもっと形をよくしたくなってくる。

あとは放っておいても、その意欲で勝手によい生活習慣を続けることになる。より強い運動をしたくなり、自然によりよい栄養を摂り、過剰に栄養は摂らないようになるのだ。コレステロールも血糖値も血圧も、すべて下がっていくのはいうまでもない。

言い換えれば、マイナスの状態からゼロに戻った時点でやめたくなるのが治療であり、予防であるのに対して、**ゼロの状態からさらにプラスの状態に持っていきたくなるのが筋トレ**、ということなのだ。

もちろん、誰しも思いがけず病を得ることはある。

だから、治療が大切なのは当然だが、世界でもっとも高齢化が進んでいる国である日本では、それだけで十分とはいえないのも、また事実だ。

自分の体を守れるのは、自分自身だけだと心得えよう。
筋トレは生活習慣に好循環をもたらしてくれる。
筋トレという「盾」で、自分の健康、生活を守るのだ。

REASON 3

筋トレで疲れなくなる

「重力」をはね返せ

あなたは以前より、疲れを感じやすくなっていないだろうか？

ちょっと階段をのぼったら息切れしたり、お酒を飲んだら次の日になかなか体調が回復しなかったり。以前より疲れを感じるようになっていないか。

もし「YES」だったなら、これからお伝えすることはとても有益だ。

それは、**筋トレをすれば疲れなくなる**、ということだ。

私のジムは「疲労回復ジム」と呼ばれている。

中高年専門のジムであるせいか、「最近疲れやすくなった」という動機でトレーニングをはじめる人が多い。そしてみな、しばらくすると、「疲れにくくなった」と口をそろえる。

即効性もある。

疲れにくい体質になるだけでなく、まさにその日、トレーニング直後から疲れが取れるのだ。多くの人が「ジムに来る前よりも、体が軽くなった」といって、足取りも軽くジムをあとにされる。

短期的にも中長期でも、体が疲れなくなるのが筋トレなのだ。

そもそもなぜ、私たちは疲れるのだろう。

その原因は、**重力**だ。

私たちは重力に逆らって体を動かしている。

しかし筋肉が弱ってくると、だんだん地球の重力に負けてくる。

その結果、生きているだけでエネルギーをたくさん使ってしまい、他のところに回らなくなる。体はもちろん、消化器などの内臓だってエネルギーで動いているから内外ともに疲れやすくなるのだ。

しかし、**筋トレをすれば、重力など軽く跳ね返せるようになる。**エネルギーを消耗しなくなってくる。他にエネルギーを十分に回すことができるので、体の外側からも内側からも、疲れにくくなってくる。


好影響は、肉体だけにとどまらない。

もしあなたが、**頭の中がモヤモヤするとか、スッキリしない気分が続いているなら、それも筋トレで改善する可能性が高い。**

なぜなら、エネルギー不足の状態はネガティブな気持ちを増幅させてしまうのに対し、エネルギーが十分ならポジティブな感情になりやすいためだ。

加えて、体を動かすことでストレスが解消される効果も追加される。だから、精神的にも疲れにくくなるのは当然といえるだろう。

筋肉があれば、疲れにくくなる。
筋肉があれば、ストレスに強くなる。
ぜひ筋肉をつけて、心身ともに軽快な日々を過ごしていただきたい。

REASON 4
筋トレで脂肪が落ちる

ボディビルダーの体脂肪率は3%

いまだに脂肪を落とすというと、有酸素運動だけをする人が多いが、これは効果が出にくい。そのせいで挫折したり、リバウンドしたりしてしまう人があとを絶たない。じつになげかわしいことだ。

ここではっきりとさせておこう。

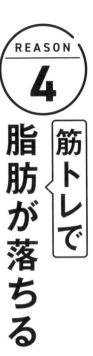

脂肪を落とすためには、そこに筋肉がなくてはならない。

なぜなら、私たちのカロリー消費はほとんどが基礎代謝であり、筋肉があればあるほど、その部分の代謝が高まるからだ。

そこに筋肉さえしっかりついていれば、自然と代謝が増える。**たとえ筋トレをする時間がほんのわずかでも、基礎代謝と活動の相乗効果で、残りの日常生活の中で脂肪は効率よく、かつ勝手に落ちてくれる。**

逆に、筋肉がないところは代謝も活動力も低い。動いていないと脂肪細胞はどんどん密度が詰まってきて硬くなる。硬くなると血流が悪くなり、その部位は冷え、柔軟性も落ちて代謝が減る。かくしてさらに脂肪がついてくるから、有酸素運動をしても食事を減らしても、筋肉がなければなかなか脂肪が落ちないのは当然なのだ。

そのことをもっとも熟知しているのは、間違いなくボディビルダーだろう。

なにしろボディビルの大会での彼らの体脂肪率はわずか3％程度で、一方、オフシーズンでは筋肉を大きくするため、あえて体脂肪率を15％以上にまで上げる。大会は毎年行なわれるから、常に体脂肪率を約13％もの幅で、自由自在にコントロールしていることになる。私も25年以上、大会に出場し続けているので、体脂肪率を意のままに変えることが歯を磨くのと同じくらい当たり前になってくるのだ。

しかし、そんな私でも、脂肪を落とすのに苦労してしまうことがある。それが、「筋肉を十分に鍛えておかなかった箇所」なのだ。

オフシーズンにしっかりとその部位のトレーニングができていないと、どんなに大会直前にダイエットしてもきれいに脂肪が落ちない。最後の最後まで脂肪が残ってしまう。極限まで筋肉を浮き上がらせているだけに、わずかな脂肪でも、違いを痛感することになる。**脂肪を落とすためには、筋肉が決定的に重要なのだ。**

ところで、脂肪を落とすうえで筋肉は大切だが、わかっていても落ちない部位もある。それは、**筋肉自体がもともと小さいところ。そこはなかなか脂肪が落ちない。**

たとえば、わき腹のぜい肉などがそうだ。わき腹の筋肉は、正面の筋肉より小さい。どうしても代謝が低くなりがちで、脂肪が燃えにくい。だから脂肪がつきやすいし、落ちにくい。

とはいえ、悲観することはない。

筋肉が小さいのなら、その分しっかりと意識して筋トレをすればよい。別にハードなトレーニングをする必要はない。**筋肉が一定量を超えれば、体が勝手に脂肪を燃やしてくれる。血流が増えてその部位が温まり、代謝と活動量が増えて脂肪が消費される。**あなたがボディビルのコンテストに出るのでもなければ、そのハードルは思いのほか低い。少しの筋トレでも十分なのだ。

やせようと思ったら、有酸素運動や食事制限の前にまず筋トレだ。
筋肉があればあるほどやせやすくなる。
無理なく無駄なく、ラクに脂肪を落としていただきたい。

REASON 5

筋トレで骨が強くなる

骨が強い人は、例外なく免疫力も強い

筋トレは「骨」も強くしてくれる。

よく骨や軟骨を強くしようと、関節のサプリメントを摂る人がいるが、残念ながら、あまり効果が出ないことが多い。

いや、ありていにいってしまえば、ほとんどの人はちっとも骨が強くならない。

なぜこうした残念な勘違いがまかり通っているのかというと、それは、骨が硬くなる理由を知らないためだ。

じつは、**骨が硬いのは、筋肉に引っ張られる力に対抗するため**だ。

私たちが体を動かすとき、筋肉を収縮させて力を出すが、それを支えているのは骨。意識的に動かせる筋肉を「骨格筋」と呼ぶことからも、その密接な関係がわかるだろう。

骨はつくって壊して、を繰り返している。破骨《はこつ》細胞と骨芽《こつが》細胞が働き、骨の中身は常に入れ替わっている。

骨を壊すほうは何もしなくても常に行なわれるが、骨をつくるほうは刺激がないとサボってしまう。つまり、**「筋肉が弱いままなら、体は骨を硬くする理由がない」**ということになる。骨にかかる負荷が少ないのだから当然だ。

したがって、いくら「骨の材料」であるサプリメントなどを少しばかり補給したところで、骨が強くなるはずもない。だから骨や軟骨を強くしたいなら、筋トレをしなければならないのだ。

この知識は、とくに高齢者にとっては重要だ。もしあなたがまだ若いとしても、親御さんのためにも重要だ。

高齢者は、生活の中で座っている時間が長くなりがちで、筋肉、ひいては骨への負荷が減る。若い人でも、**いまはリモートワークが増え、家の中で座っている時間が増えているが、すると体は、「骨はさほど硬くなくても大丈夫だな」と誤った判断をしてしまう。**どれだけサプリメントを摂ってもそれは変わらない。

活動が減って家にひきこもってしまった高齢者には、骨密度が20%とか、30%といった人もいる。転倒しただけで骨折してしまうのは、こうした骨密度の低い人たちなのだ。

それだけではない。

骨の量が減れば、血液をつくる力も減ってしまう。白血球が減り、免疫力が弱まってしまうのだ。

ちなみに私のジムは中高年専門なので高齢者が多いが、若いころよりむしろずっと骨が強くなった――。そういう人も大勢いる。

そして、**骨が強い人は、例外なく免疫力も強い。**

ようするに元気なのだ。

人生における筋トレの重要度は、年を重ねれば重ねるほど、高齢になればなるほど増していく。

筋トレで、骨を強く維持しよう。
家にいる時間が増えたらその分、筋トレも増やそう。
それがこれからの新しい生活様式なのだ。

REASON 6

筋トレで 姿勢がよくなる

「ねこ背」を治すには、じつは「ベンチプレス」がいい

なぜ、「ねこ背」はなかなか治らないのだろうか？

他人に与える印象もよくないし、健康の面でもデメリットしかないし、なにより、ふと鏡に映った自分の姿を見てがっかりするのは辛い。

だから多くの人がねこ背を治そうとするが、なかなかうまくいかない。

じつは、**人間は、放っておくと、ねこ背になるようにできている**のだ。

圧倒的に重たい「頭」という重りが、いちばん上にあるからだ。

その重りを首や背中、腰、そして骨盤といった全身で支えているのだが、どうしても首の部分が弱ってくる。

いちばん頭に近いし、細くて筋力も弱いのが首。だから文字どおりここが「ネック」になってしまうのだ。

最初はあごが前に出て、その状態が続くと、背中も前傾して丸まってくる。やがては、腰まで曲がってしまう。

私たちも元は四つ足の動物だった。なのにご先祖様が直立二足歩行などをはじめてしまった。

しかも脳を大きく重く発達させていったものだから、そのツケを私たちが払わされているのだ。ある意味、ねこ背は自然の摂理ともいえる。

しかし、あきらめてはいけない。

筋肉の問題は筋肉で解決できる。ねこ背の原因が筋肉が弱まったことなら、筋肉を鍛えれば問題は解決するのだ。

姿勢がよくなれば、気持ちも前向きになる。人間は、胸を張っていながら落ち込み続けることはできない。**筋トレをすれば姿勢がよくなり、メンタルも改善する。**だから、やらない手はないだろう。

ただ、ここで注意したいポイントがある。

それは、**「どこを鍛えるか」**だ。

本にはよく、ねこ背になったら背中の筋肉を鍛えよう、と書かれている。

たしかに姿勢を維持するうえで、背中の筋肉は重要だ。

しかし、それでは肝心の首の筋肉を鍛えることは難しい。だいたい別の部位に先に効いてしまう。鍛えるのは不可能ではないが、高度なテクニックが要求されるので効率が悪いのだ。

こうしたことを知らないと、ねこ背を治すつもりで筋トレをしても、姿勢は悪いままだ。弱点である首の筋肉は弱いままで、むしろバランスが悪くなる。時間がたつと元のねこ背に戻ってしまうのはこのためで、注意すべきだろう。

ではどうするか？

私は、「体の前面の筋肉を鍛える」ベンチプレスをおすすめする。

「姿勢を維持する筋肉は体の後ろにあるのに、前側を鍛えるとはどういうこと？」と疑問に思う人もいるだろう。

しかしよく考えてみほしい。

ベンチプレスなどの**「押す動き」を支えているのは背面**だ。

つまり背中で押し、肩甲骨でも押し、そして首でも押している。まんべんなくバランスよく、姿勢を維持する筋肉を使えていることに加え、ある程度しっかりした重さを扱えるのだ。
だから初心者は背中の筋肉を鍛えようとするよりも、むしろ前面の筋肉を鍛えたほうが、ねこ背が治りやすいのだ。

ベンチプレスを終えたあとはみな本当に姿勢がいい。
あの姿勢のよさを見れば、鍛えるべき場所がどこにあるかは一目瞭然だ。
ぜひ一度意識して見てもらいたい。

REASON 7

筋トレで体調が万全になる

自分の「体の変化」に鋭くなろう

「体調を感じる能力」は個人差がとても大きい。

ちょっとした寒気にも敏感な人もいる一方で、風邪をひくまで体調の悪化に気づかない人もいる。お腹の脂肪が増えるとすぐ気づく人がいる一方で、体重計に乗るまで気づかない人もいる。

しかし、大事になる前に体調の変化に気づくことができれば、病気を未然にケアできるし、生活習慣を改善する目安にもなってくれる。健康を維持するうえで、「体調を感じる能力」は、今後ますます重要になっていくだろう。

筋トレをすると、そういう面でも恩恵が得られるのだ。**自分の体調に驚くほど敏感になってくるからだ。**体の反応は日々変化するし、年単位でも変化するが、それらをしっかり感じ取れるようになる。

たとえば、私は朝起きると、前日に比べてどの部位の筋肉がどれくらい増えたかが、体感でわかる。

食事をすると、糖質がどれくらいグリコーゲンに変わり、エネルギー源として筋肉に蓄えられたかも感じることができる。

増量の時期だと、今年は脂肪を増やすよりも、糖質を増やしたほうが効果的に体重を増やせる、といったことも体感でわかる。

逆に減量の時期は、基礎代謝と有酸素運動、それぞれでどれだけ脂肪が燃えるかといった違いも感じられる。

なぜ、筋トレをすると、体調の変化に気づく能力が高まるのか。それは、「観察」と「検証」を、自分の体で熱心に繰り返すことになるからだ。

男性なら、筋トレで筋肉が大きくなると、とても嬉しくなる。鏡で筋肉を眺めたくなるし、力を入れてポーズを取ってみたくもなるだろう。

そして、次の筋トレのときは、前より大きくなっていないか、それこそ目を皿のようにして、詳細に観察することになる。

ちょっとした筋肉の変化も見逃さず、大きくなっていれば、何がよかったのかを考えるし、逆に、小さくなっていれば、何がよくなかったのかを考える。どちらの場合も熱心に考えるから、記憶に刻み込まれることになる。

こうしたプロセスを繰り返すことで、何が自分の体に変化を起こすのか、その因果関係について鋭い洞察力が身についてくるのだ。

筋トレを続けていくと、こうした能力がさらに研ぎ澄まされていく。**ささいな体調の変化にも敏感になり、何が体によくて何がよくないのかも、感覚としてわかるようになるから自然と体に悪いことはしなくなる。**体に悪いのになんでこんなものを以前は食べたかったのか……と不思議になってくるだろう。

食事だけではない。**呼吸でも、姿勢でも、どうすれば体によくて、どうすればよくないのか、感覚的にわかるようになる。**心に関しても同じだ。たとえば、**元気が足りないと思えば、活力を充電しようと運動や筋トレを欲するようになっていく。**かくして、さらに感覚が研ぎ澄まされる、という好循環だ。

筋トレをしよう、そして鏡を眺めよう。
そうすれば、体の変化や体調に敏感になれる。
その能力が高まれば、あなたを超健康に導いてくれる。

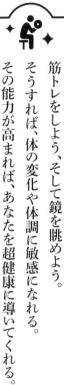

REASON 8

筋トレで「喜び」が増える

「筋能力」があなたの人生に与えてくれるもの

筋トレをすることで、さまざまな悩みが解消されることを見てきた。
だが筋トレの効用は、悩みの解消にとどまらない。
あなたにもっと「喜び」を与えてくれるのも、また筋トレなのだ。

たとえば、**ゴルフ**だ。筋トレをすれば、シニアになってからでも、250ヤードは飛ばすことができるようになる。

私のジムに通っていただいている中高年の方たちはみな飛距離を伸ばし、そのくらいは飛ばせるようになっている。かくいう私も、そろそろ還暦も見えてくる年齢だが、ドライバーの飛距離はいまでも350ヤードだ。

あるいは、**野球**だ。子どものころ「お前は小刻みに打つタイプだ」といわれ続けてきた方が、50歳を過ぎて打球がスタンドイン、ホームランバッターに変貌する。こうした姿を私は間近で見てきた。

かくいう私も学生時代から野球に打ち込んでいたが、打球を横浜スタジアムの中段に軟球でスタンドインさせたのは、社会人になってからだった。

なぜ筋トレをすれば、シニアになってからでもこれほど飛距離を伸ばせるのか？

その理由は、次の「二つの筋トレ効果」にある。

①筋肉が大きくなることによる「パワーアップ」
②筋肉と脳をつなぐ神経が活性化されることによる「筋能力アップ」

このうち、パワーアップについては、多くを説明する必要はないだろう。筋力は断面積に比例する。だから筋トレで筋肉を大きくすればパワーアップする。しかし後者の「筋能力アップ」は、あまり知られていない。

「筋能力」とは、持っている筋肉を効果的に使う能力のことで、私の造語だ。筋肉は脳の指示があってはじめて働ける。その伝達経路である神経が弱まってしまうと、筋力も弱まってしまう。だから、脳と筋肉をつなぐ神経を鍛えることで、伝達効率がよくなり、筋力は大きく向上する。

そしてここが大切なのだが、**筋肉の断面積がそれほど大きくならないとしても、筋能力は大きくアップできる**のだ。

じつは**筋力が落ちたのは筋肉が小さくなったことよりも、神経が弱まって筋能力が落ちただけ、ということが多い**のだ。

そこで筋トレをはじめると、筋肉の断面積が大きくなるより早く、脳と筋肉をつなぐ神経が強く復活する。だから、想像以上にパワーアップし、ゴルフや野球の飛距離も驚くほど伸びる、というわけだ。

もちろん、やみくもに筋トレをするのではなく、**しっかりとその部位を意識し、ゆっくりと重量を上げ下げする。常に脳が筋肉と密接な交信をしている状態を大切にする。**いたずらに反動を使ってしまい、目先の重量にこだわっているようだと、筋能力はなかなか高まってこないだろう。

虚を捨て、実を取ろう。
重さにこだわることなく効果的な筋トレを行ない「筋能力」を高めよう。
そして自分でも驚くほどのパフォーマンスアップを実現していただきたい。

REASON 9

筋トレで達成感が手に入る

面白いほど「扱える重量」が増えていく

前項で、目先の重さにこだわるな、と書いた。

しかし、**「重い重量を挙げる」のも、筋トレの醍醐味**の一つには違いない。

人間は合理的なだけの生き物ではない。やはり気持ちの部分というか、**「重いものを挙げたという喜び」**も同様に大切だと私は思う。

目標の重量を挙げることができた――このことは、文句なしに嬉しいのだ。

だから、私のジムでは、「重さにこだわらないトレーニング」と、「重さにこだわるトレーニング」を分けて考え、両立させている。

この二つを別々に追求することで、体と心の両方を最大限満足させるという、欲張りな方法を取っているのだ。

その結果はどうかというと、中高年専門のジムで週1回のみ、という条件にもかかわらず、**男性会員さんのほとんどがベンチプレスで100kgを挙げることができる。**

それまでに運動経験があろうとなかろうと関係ない。

若いころはどうしても70kg以上挙げられなかった人が、50歳を過ぎてから1年以内に100kgを挙げられるようになったケースも日常茶飯事だ。

正しく筋トレをすれば、男性なら誰でも100kgが持ち上がるのだ。

ここで、筋トレの経験がある人ほど、**「なぜそんなに少ないトレーニング回数で、短期間に重量アップできるのか?」**と疑問に思うかもしれない。

それはノウハウなのだが、読者のあなたのために公開しよう。

次の2種類のトレーニングを組み合わせるのだ。

①筋能力を鍛える、「テクニックを使いつつも重量を増やさない」トレーニング

②最大重量を挙げる、「テクニックを使って重量を増やす」トレーニング

まずは「テクニックを使いつつも重量を増やさない」トレーニングからはじめる。

ここでは「筋肉への刺激」を徹底的に重視する。

正しいフォームにこだわり、反動は一切使わない。筋肉を収縮させて持ち上げるときよりも、伸ばして下げるときに効かせる。体の五感を総動員して、筋肉の動きを詳細にイメージすることで、筋肉をコントロールする神経系が鍛えられ「筋能力」がアップする。筋肉がよりパワーを出せるようになる。

そして最後に、「テクニックを使って重量を増やす」トレーニングを行なう。

たとえばベンチプレスであれば、胸だけではなく、肩も腕も使うし、腰も使うし、脚も使って挙げる。体全体に「この重さをクリアしたんだ！」という成功体験を覚え込ませるのだ。


もしそこにパーソナルトレーナーがいて、限りなく一心同体となって挙げてくれると、限界を早く、何度も超えることが可能になる。


つまり、成長スピードがさらに加速するのだが、そのことはここでは措いておこう。

いずれにせよ、体が成功体験を覚えることで、次からはその重さを自分で挙げることができるようになるのだ。


人は1回重量を上げると、下げたくなくなる。欲が出てくるのだ。

トレーニングへの義務感は消え、意欲が出てもっとやりたくなる。

気がつけば100kgの壁を軽々とクリアしている自分と出会うだろう。

REASON 10

筋トレで頭痛がなくなる

筋トレは、頭痛の「精神的原因」も取り去ってくれる

一説には、**約3000万人もの日本人が頭痛に悩んでいる**といわれる。

その痛みの種類はいろいろあるし、原因もさまざまだろう。だからなかなか完治しないのも事実だ。

しかし、私のジムに通ってこられる方の多くは、頭痛が軽くなるか、あるいはまっ

たくなっているのもまた、まぎれもない事実だ。

なぜ筋トレが頭痛を緩和するのか？

その理由は二つある。

一つ目は、**首まわりの筋肉が強くしなやかになり、柔軟性が復活する**からだ。それによって血行がよくなり、老廃物がスムーズに流れていくことに加え、頸椎《けいつい》への負担も軽くなる。

そもそも首まわりの筋肉は、硬くなりがちで、柔軟性が失われやすい。頭はとても重たいのに対し、首の筋肉はそれほど強くないからだ。重さが常にかかっているので、いつのまにか硬くなってしまう。

それが慢性化すれば骨にも影響が出てくるし、頸椎の障害にもつながってくる。そのうえ、日常生活ではなかなか鍛えにくいので、負担が増える一方だ。

だが筋トレは、そうした原因を根本的に取り去ってくれる。日頃意識しにくい首まわりの僧帽筋なども、その部位をピンポイントで、効果的に鍛えるメニューがそろっているのだ。

すぐに頭痛が軽くなるのも筋トレのよい点だ。

筋肉の緊張を取るためには、逆に一度思い切り力を入れてから抜くのが、いちばん即効性がある。

緊張して顔がこわばったら、顔面に思い切り力を入れてから抜くとリラックスできることが知られているが、筋トレほど思い切り力を入れる行為もない。首まわりの筋肉に思い切り力を入れたあとは、すぐに、そして深くリラックスすることができる。

筋トレで頭痛が軽くなる二つ目の理由は、**「ストレス解消」**だ。

とくに40代後半から50代は、肉体的にも精神的にもストレスが多い。肉体的にはホルモンバランスが崩れがちな年齢でもあるし、筋力が衰えがちな年齢でもある。

精神的には、子どもが思春期になるころでもあるし、経済的に家計が大変な時期でもある。女性であれば、そこに更年期の影響も加わってくる。このようなストレスが積み重なることで、頭痛を訴える人が増える年代なのだ。

だが筋トレをしていれば大丈夫。**筋トレは、ストレスに対抗する、脳内ホルモンを多く分泌してくれるのだ。**

代表的なのは**「テストステロン」**で、これは、苦痛に対して強くなり、やる気をうながして闘争本能を高めてくれるホルモンだ。

同時に筋肉を増やして脂肪を減らす働きもあるため、ストレスを解消して頭痛が軽くなるだけでなく、見た目も若々しく健康的になる。

そんな数多くのメリットを与えてくれるのがテストステロンなのだ。

筋トレは、頭痛の原因を肉体的も、精神的にも取り去ってくれる。
健全な精神は健全な肉体に宿る――それは筋トレをする人のための言葉だ。
筋トレで、心身同時に健康になろうではないか。

REASON 11

筋トレで腰痛がなくなる

腰痛解消は、「冷やして、動き回る」のがいいわけ

厚生労働省の統計によれば、**腰痛に悩む人は約2700万人もいる**そうだ。

腰痛は、それ自体も辛いものだが、他への悪影響も大きい。日常生活にも差し支えるし、行動範囲も狭まる。集中力だって下がる。

また腰痛は、放置するとさまざまな病気の原因にもなってしまう。

椎間板ヘルニアもそうだし、脊柱管狭窄症《せきちゅうかんきょうさくしょう》もそうだ。腰痛は多くの人がぜひ治したい、代表的な現代病といえるだろう。

しかし残念なことに、腰痛については、誤った知識や誤解がまかり通ってしまっているのが実情だ。

たとえばあなたは、「腰痛になったら、冷やして安静にするのがよい」と聞いたことがないだろうか。これは間違いだ。

腰痛になったら、「冷やして、動き回る」。

これが正解なのだ。

ポイントは、腰の周辺の筋肉だ。

腰痛になった腰の筋肉自体は、たしかに放っておいたほうがよい。炎症を起こしているのだから、冷やすのもよいが、しかし周辺の筋肉は違う。

たとえば前側の腸腰筋《ちょうようきん》や大腰筋《だいようきん》、お尻の筋肉などは、患部と一緒に冷えて硬くなってしまうと、患部を支えて安定させることができなくなる。サポート役が一緒にダウンしてしまっては、治るものも治らなくなってしまう。

そうした周辺の筋肉は、むしろ逆に、積極的に動かす必要があるのだ。


ギックリ腰の場合を考えてみると、イメージしやすいだろう。

冷やして安静にして、いつまでも寝ているとどうなるか。治るまでに数週間、あるいは1か月かかってしまうこともめずらしくない。

そこまで長期化すれば、足の筋肉まで衰えてしまうだろう。高齢者であれば、そのまま寝たきりになってしまう危険性だってある。


しかしすぐに動かしていれば、3日くらいで治る。

深部まで完治するにはもう少し時間がかかるものの、日常生活に差し支えない程度にまでは、3日もあれば十分に回復できる。足の筋肉も衰えないから、寝たきりになることはない。

ようするに、腰痛を治すためには筋肉が非常に大切である、ということだ。

腰の筋肉はもちろん、その周辺の筋肉が強ければ強いほど、腰痛になりにくいし、仮になっても治りやすい。

大腰筋や腸腰筋といった筋肉を日頃から筋トレで十分に鍛えておけば、腰痛の予防にも保険にもなるのだ。

最初は同じ腰痛でも、その後の人生の質がまったく変わってくる。この違いはとても大きい。

あなたがまだ腰痛になっていなくとも、この知識は大切だ。

というのも現代人は、日常生活のなかで座っていることが多いからだ。

座っている状態というのは、腰まわりの筋肉はほとんど機能していない。縮んで固まっている状態であり、筋繊維にとってはもっとも望ましくない状態だ。

高齢者であれば、家にいる時間も増えがちだから、腰まわりの筋トレは必須だ。まだ若いとしても、リモートワークなど家にいる時間が増えたのなら同じこと。やはり意識して筋トレすることが、腰痛予防のうえで、重要になってくるのだ。

ぜひ筋トレで〝腰まわり〟を鍛えよう。それが腰痛の予防になる。保険にもなる。腰痛と無縁の人生を過ごしていただきたい。

REASON 12 筋トレで 足腰が強くなる

「転ばないこと」は人生に必須の健康スキル

うっかり転ぶ。

これは、想像以上に危険なのだ。

とくに高齢者にとっては、ときに致命的となるほどだ。

たとえば、死者数だが、厚生労働省の統計によれば、転倒・転落による年間の死者数は、なんと交通事故の死者数の約2・7倍にものぼる。

年間約1万人弱もいるのだ。

あるいは、救急搬送だが、東京都では、65歳以上の救急搬送のほとんどは、転倒によるものだ。

その割合は、なんと8割以上。人数でいえば年間5万5000人以上が、救急車で運ばれるほどひどく転んでいるのだ。

家の中だからといって油断できない。

消防庁のデータによれば、65歳以上の事故の約77%が、住宅内で起こっている。むしろ、家の中こそがいちばん危ないといってもいい数字だ。

このように、高齢者にとって転ぶことは、ときに致命的になる。

もしあなたがまだ若いとしても、親御さんや家族のことまで考えたら、決して人ごとではない。

転ばないことは、人生にとって必須の健康スキルなのだ。

そこでもちろん、筋トレだ。

なぜなら、転ぶ原因そのものを、筋トレが解消してくれるからだ。

体幹が強くなる。

それが、その代表的なものだろう。


私たちは日頃意識していないが、**便利なモノやサービスが増えたせいで、生活のなかで末端の筋肉しか使わなくなってきている。**

たとえば日常生活を思い浮かべてみてほしい。

パソコンやスマホも手先だけだし、家事や炊事も手を使えばこと足りる。歩くにしても、膝から下がメインであり、それより上の筋肉はあまり使わない。

だから、普通に生活しているだけでは、しだいに体幹や足腰の筋肉が衰えてしまう。

そうなると、力強く歩くことができなくなる。

年を取ると、足先だけをちょこちょこ動かして、小さな歩幅で歩くようになってしまうのはそのためだ。

筋トレで体幹、足腰が強くなれば、安定感のある歩き方ができるようになる。自然と、大股で堂々と歩けるようにもなるだろう。

他にも、筋肉を「協調」させるのがうまくなり、バランス能力も高まるなど、筋トレが転倒防止に役立つ効果は数多い。

筋力が高まることで、神経伝達もよくなるから、上げたつもりで足が上がっていなかった、などといったつまずきも激減する。

筋肉がないことの危険は身近なところにひそんでいる。
筋トレで体幹、足腰を鍛え、危険を防止しよう。
そして、転ぶことなく、いつまでも元気に歩き続けてほしい。

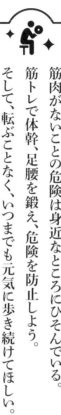

REASON 13 筋トレで100歳まで元気

どんどん進化する「筋トレ理論」

こんなクイズを聞いたことがあるだろうか。

「朝は四本足、昼は二本足、夜は三本足の生き物は?」

これは「スフィンクスの謎掛け」といわれるもので、答えは「人間」だ。

赤ちゃんのころは四つ足でハイハイし、大きくなると立ち上がって二本足で歩くようになり、年を取ると杖をついて三本足――というわけだ。

この出典はギリシャ神話で、太古の昔から人間は、老いると足腰が弱くなってしまい、それを当然と考えていたのだろうが、しかし、現代に生きる私たちは違う。

最先端の筋トレがあるからだ。

筋トレ理論は、先人が人体をあらゆる角度から研究し、実践してきた英知の結晶だ。

現代の筋トレ理論を実践すれば、私たちは老いても、たとえ100歳を超えてからですら、杖にすがることなく自らの足で歩き続けることができる。

それほど、いまの筋トレのノウハウはすばらしい。

ただ残念ながら、こうした筋トレのすばらしさを、知らない人はまだまだ多い。

とくに残念なのは、医療関係者のなかに、筋トレを「危険」として避ける人が見受けられることだ。

これは、知識を新しいものにアップデートしていないことから起こる大きな誤解だといえる。

しかしちょっと考えてみれば、この考え方がおかしいことはすぐにわかる。

もちろん素人の生兵法は危険だが、それは筋トレに限らない。どんなに体によい食べものでも、どんなに効果のある薬でも、摂りすぎれば毒になる。

だからといって、「栄養のある食べものを避けましょう」とか、「効果の高い薬を飲んではいけません」という医師はいないだろう。

医師は患者を診察したうえで、状態を把握して、適切な量の薬を出す。副作用が起きないよう、検査を重ねてコントロールする。

筋トレも同じだ。

その人の、いまの体のコンディションや生活習慣、そして趣味や性格といったものまでふまえて、適切なトレーニングメニューを組む。そしてすべてのトレーニングをともにし、リアルタイムに刻々と変化するコンディションや心情までチェックし、微

調整する。

これこそ、私がパーソナルトレーナーとして30年以上行なってきたことであり、私のジムで日々研究し、トレーニーに提供していることでもある。

こうした現代の筋トレなら、リスクを極限まで低く抑えることができるし、すばらしい効果だけを享受することもできる。

筋トレも他の世界と同じで、日々進歩している。
最先端の、そしてあなたに合った筋トレをしよう。
そして100歳を過ぎても「二本足」だけで元気に歩き続けよう。

REASON 14

筋トレで心肺機能が強くなる

「呼吸」と「老い」の密接な関係

年を取ると呼吸が浅くなってくる。

これは呼吸に必要な筋力がだんだん衰えてくるからだ。

呼吸筋が動かないと代謝も落ちる。

それは当然、体全体に影響してくる。脂肪も落ちにくくなるし、ちょっと動くと息切れするようにもなってくる。

このように、**呼吸は老いに深く関連しているのだ**。

しかし、筋トレをすれば心配無用。筋トレにより、呼吸筋が強くなるためだ。

呼吸というと肺を連想しがちだが、じつは肺そのものは、ただの袋にすぎない。そこに空気を送り込んでいるのはあくまで筋肉。胸まわりの肋間筋《ろっかんきん》を使えば胸式呼吸だし、お腹に近い横隔膜を使えば腹式呼吸になる。

筋肉が呼吸の種類も強さも決めているのだ。

ここで、

「無意識に行なわれる呼吸の筋肉を、どうやって鍛えるのか？」

と、疑問に思った人もいるかもしれない。

「呼吸筋を鍛える方法などあるのだろうか？」

と。

じつは、ある。

呼吸に関する筋肉は少し特殊で、人間の体の中で唯一、意識的に動かす筋肉と無意識に動いてくれる筋肉の両方の能力を持っている。

専門的な言い方をすれば、随意筋《ずいいきん》と不随意筋を兼ね備えている。

これは非常にめずらしいことで、普通はどちらかの能力しかない。

たとえば心臓なら意識して動かすことはできないし、腕があなたの意思に反して勝手に動くこともない。

しかし呼吸は違う。その両方を自在に切り替えることができるのだ。

そこに、呼吸筋を鍛えるコツもある。無意識に動く筋肉は鍛えることはできないが、意識的に動かせる筋肉なら鍛えられる。**随意筋が強くなれば、一緒に不随意筋も強く維持される。**

つまり、呼吸筋を鍛えられるということなのだ。

しかも、特別な方法は必要ない。

やるべきことは「筋トレ中に息を止めない」こと。これだけでよい。

とはいえ、これはなかなかやりがいがあるトレーニングだ。

というのも、ある程度運動の強度が上がると、どうしても呼吸を止めてしまいがちになるからだ。

とくに最後の1回というキツい場面で息を止めてしまう。

だが、これは自然なことで、人は何かにエネルギーを取られるとそこだけに意識が向いてしまうようにできている。

だから最初は筋肉と呼吸の両方を意識できていても、それを続けるのは難しい。だんだんきつくなってくると、筋肉だけに意識がいってしまい、呼吸のほうは止まってしまうのだ。

このように、**呼吸筋を動かし続けながら筋トレをすることは、意識しなければ決してできないことだし、やればやるほど上達してくる。**

とても取り組みがいがあるといえる。

注意したいのは、意識が両方に分散するため、どうしても持ち上げられる最大重量が下がってしまうことだ。

「何キロ挙げた」というような重量自慢にこだわってしまう人は、少々抵抗があるかもしれない。

だが考えてみてほしい。

呼吸を止めて重量を自慢するトレーニングと、呼吸を止めずに心肺機能を強くするトレーニング。どちらが望ましいトレーニングだろうか？


「重量」自慢の筋トレをやめよう。

しっかり呼吸筋を鍛えながら強度を上げていこう。

そして「息の長い」健康人生を送っていただきたい。

第2章

心を整えるために

REASON 15

筋トレで気後れしなくなる

アメリカの弁護士にマッチョが多いわけ

いきなりだが、質問させてほしい。

あなたは軽自動車に乗っているときと、ダンプに乗っているときで、気持ちが同じだろうか。

ダンプに乗ったことがないなら、置き換えてもらってもかまわない。自転車に乗っているときと、車に乗っているときと、気持ちが同じだろうか、違うだろうか。

多くの人は気持ちが違うはずだ。

人は、自分が大きいと思えば自分を強く感じる。逆に小さいと思えば、気後れしがちになる。マインドが全然違ってくる。単純な話だが、これは事実だ。

だからここで断言しよう。

「筋トレをすれば、あなたは気後れしなくなる」

と。

先に乗り物の例を挙げたが、しょせん乗り物は自分ではない。降りてしまえばそれまでだ。大きな車に乗って意気揚々としていても、駐車場で降りたとたんに気持ちが萎縮するようではなんにもならない。

しかし、筋肉は違う。

筋肉はどこまでも自分自身だ。筋肉が急に小さくなることなどないし、むしろ大きくすることもできる。職場でも家庭でも、あるいは第三の場所だってかまわない。**筋肉はいつでもあなたと一心同体だ。**

筋肉は常にそこにあり、あなたの気持ちを支えてくれるのだ。

もちろん、これは筋肉に依存しようということではない。

まれに筋肉の頼もしさに振り回されてしまい、気持ちが大きくなって粗暴な言動をする者もいるようだが、それでは筋肉の奴隷だ。

そういう人間に限って、自分よりも体が大きな人には卑屈になったりもする。筋肉に振り回されて粗暴になるのは、卑屈になるのと同じ、いやそれ以上にかっこ悪い。あなたの人格が主人で、筋肉は従者でなくてはならない。わが国だって軍隊が暴走しないように、文民が主で軍人は従と定めているが、それと同じだ。

話を戻そう。

筋トレで気後れしなくなれば、人生のあらゆる場面でメリットがある。

たとえば、私のジムに通ってこられる弁護士の方だ。

最初は、筋肉をつけて肉体的に強くなっても、仕事への直接的な影響はない、と思っていたそうだ。

しかし筋肉がついて体が大きく、たくましくなっていくにつれ、周囲の変化を感じるようになったという。**体がたくましいと、交渉や駆け引きをするなかで、明らかに相手の反応が違う。**攻める場面ではより自分の意に沿った結果が出るようになり、守りの場面では、顧客を守れることが増えたという。

訴訟大国であるアメリカでは弁護士はみな体が大きいそうだ。シビアな場面であればあるほど、効いてくるのが筋肉ということなのだろう。


筋トレをすれば、気後れしなくなる。

筋トレは常にあなたとともにあり、広く人生全般をサポートしてくれる。

筋肉という頼もしい味方を、ぜひ育てていこうではないか。

REASON 16

筋トレで劣等感が消える

自分の中の〝野生的な能力〟を呼び覚ます

先に筋トレをすれば気後れしなくなる、という話をした。

だが筋トレの効能はもっと大きい。

長年持ってきたコンプレックスでさえ、筋トレで解消することができる。

そこには「どうせ生まれつき」などとあきらめがちなものも含まれる。体と心、両方のコンプレックスにも及ぶ。

まずわかりやすいのは、「体のコンプレックス解消」のほうだろう。**典型的なのは、体型だ。胸板が薄い、腕が細い。あるいはお腹が出ている……例を挙げればきりがないが、これらの悩みは、筋トレで真っ先に解消される。**

筋トレをすれば筋肉が太くなるのは当然だ。

また、基礎代謝がアップするので脂肪も燃焼されやすくなる。いわゆる「出るところは出て、引っ込むところは引っ込む」体型に変わっていく。だからあえて増量しようとしない限り、勝手にいい体になる。当たり前すぎて書くのもためらわれるくらいだ。

ちょっと意外なところでは、**たとえば「顔が大きい」というコンプレックス。こんなのも筋トレで解消する。**

なぜなら顔の大きさは、肩幅との比率の問題だからだ。肩の筋肉、とくに三角筋を鍛えれば、肩幅が広がる。すると顔と肩幅のアスペクト比が変わるので、相対的に顔が小さくなる。

これにあごの下の脂肪が落ちてくることや、姿勢がよくなって顔が前に出なくなることなどの効果も加わることで、顔が大きいというコンプレックスもあっさり解消されることが多い。

このように、体のコンプレックスを解消することにおいて、筋トレは万能ともいえるくらい広い効果範囲を持っている。

しかし、私が力説したいのは、むしろ「心のコンプレックス解消」効果のほうだ。

筋トレをすると、「基礎的なメンタル」が強くなる。ちょっとやそっとでは自分を卑下しなくなる。これがコンプレックス解消に非常に効くのだ。

なぜそうなるのか。

その理由は、第1章でも少し触れた「テストステロン」というホルモンの働きによる。**筋トレにより分泌されるこのホルモンにより、私たちの闘争本能は高まり、苦痛に対して強くなり、チャレンジする気持ちも湧いてくる。**

そして、自分の欠点を意識しなくなり、心の焦点が外界に向かって開かれてゆく。

だから心の姿勢が前向きになり、コンプレックスも自動的に解消されるのだ。

本来なら、テストステロンは私たち人類に、もっと頻繁に分泌されていたものだ。獲物を追いかけて逆に窮地に陥ったり、部族間の争いで劣勢になったりするなど、追い込まれる環境が多かった時代には、当たり前のようにテストステロンが分泌されていたが、現代になると、その機会は激減する。

便利になってリスクは減り、危機を感じてもそれは観念的であり、身体的なものではなくなった。

その結果、テストステロンが少なくなり、必要以上に弱気になったり、コンプレックスを感じたりすることが増えた。それにより悩みも増えたのが、いまの時代なのだろう。

言い換えれば、**あなたの野性を覚醒させ、本来の自分の強さを取り戻すための、現代に残された数少ない方法の一つが筋トレ**なのだ。

最初は自信がなくてもよい。

弱気になってもよい。

少しずつ、筋肉がつくにしたがって、テストステロンが増えていく。

それが、あなたの強さを覚醒させていく。自然と、「いや、大丈夫。自分はできる！」と感じるようになっていく。意図しなくとも、自分の中の強さが覚醒していくことだろう。

コンプレックス解消には、筋トレ。
あれこれ考えるのではない。挙げるのだ。
自分本来の強さを、筋トレで取り戻そうではないか。

REASON 17

筋トレでストレスに強くなる

「脳内ホルモン」がドバドバ出る！

ストレス社会といわれて久しい日本。会社でも家庭でも、ストレスと無縁ではいられない。ならば、とネットの世界に逃げ込んでも、イヤなニュースや書き込みはいくらでも飛び込んでくる。

そしてストレスが溜まると、それを刺激で上書きしたくなってくる。買い物依存や過食症気味になってしまうのも、元をたどればストレスが原因だ。

そこで提案だが、ストレス対策として、筋トレを習慣にしよう。

筋トレは、即効性のあるストレス解消法だ。しかも、一時的にスカッとするだけではない。ストレスに対して打たれ強い性格に変えてくれるのだ。

なぜ筋トレにはそのような効果があるのか？

それは、何種類もの**「脳内ホルモン」**を分泌してくれるからだ。

筋トレをはじめるとまず、**「脳内麻薬」ともいわれる「ベータ・エンドルフィン」**が分泌される。モルヒネの約7倍もの鎮静効果があるといわれるこの脳内ホルモンにより、ストレスを感じにくくなる。

次に、**「快楽ホルモン」とも呼ばれる「ドーパミン」**も出てくる。テンションを上げ、集中力も高めてくれるこの脳内ホルモンにより、ストレスはさらにやわらぐ。

さらに、別名、**「幸せホルモン」ともいわれる「セロトニン」**も分泌される。

セロトニンが感情のバランスを保ってくれる。怒りを感じると分泌されるノルアドレナリンや、ストレスに対応して出てくるコルチゾールなどを抑制してくれるので、ストレスが元から断たれることになる。

このように、筋トレをすれば何種類もの脳内ホルモンが分泌され、ストレスを解消してくれるのに加え、**筋トレをしたあとは、栄養と睡眠を効果的に取れる。**

体が筋肉の材料となる栄養を欲しがるし、筋肉をつくり出すためぐっすり眠るよう、体を調整してくれるからだ。おいしく食事をすることでまたドーパミンが出るし、深い睡眠は脳を休ませ、さらにストレスを解消してくれることだろう。

このようにして筋トレは、何重にもあなたをストレスから守ってくれるのだ。

ストレスが溜まったら、筋トレだ。
いい体と、ストレスが溜まらない性格の、両方を同時に手に入れよう。
まさに二兎を追って、二兎とも得てしまうのが筋トレなのだ。

REASON
18
筋トレで
活力が湧く

「やる気」の正体とは?

筋トレをすると体が疲れにくくなると、前章でお伝えしたが、それだけではない。
筋トレをすれば、精神的にも「活力」が湧いてくるのだ。
そもそも、私たちが感じている活力とはなんだろう?
それは細胞内でつくられているエネルギーのことだ。

酸素が取り込まれ糖が分解されると、私たちの細胞はエネルギーを生み出すようにできている。そのエネルギーは「ＡＴＰ」とも呼ばれるが、この**ＡＴＰこそが活力のもっとも根本的な正体**だ。

では、そのエネルギーは誰がつくっているかというと、**「ミトコンドリア」**である。ミトコンドリアは私たちの細胞一つひとつの中にある小器官で、非常に小さいものではあるが、その数は非常に多い。全部合わせると、私たちの体重の10％はミトコンドリアの重さになるほどだ。

それだけの割合を占めるということは、生きていくうえで必要不可欠であり、とても重要ということだ。

しかし残念なことに、放っておくとミトコンドリアはだんだん弱くなってくる。だから、私たちは年を取ると、活力が弱くなったと感じる。

やる気がなくなるのも、チャレンジする気力が足りないのも、突き詰めれば「ミト

コンドリア」が弱くなったせいなのだ。

そこで、筋トレの出番。**筋トレは、ミトコンドリアを増やしてくれる。筋トレをすることで乳酸が生み出され、それがミトコンドリアの「エサ」になるからだ。**

しかも、効果的に増やしてくれる。

というのも乳酸は、負荷の強い運動で多くつくられるからだ。

筋トレで使われるのは短時間に大きな力を出せる「速筋」なのだが、乳酸は主にその速筋でつくられることがわかっている。

だから、ウォーキングやジョギングといった「遅筋」を使う運動よりも、筋トレのほうが効果的に、ミトコンドリアを増やしてくれるのだ。

私たちは生物だ。新しいものを摂り入れて、エネルギーをつくり出す。
酸素を摂り入れ、栄養を摂り入れ、活力を生み出すようにできている。
それを強く維持するには、筋トレが必要なように体ができているのだ。

REASON 19

筋トレで自律神経が整う

ポイントは「落差」をつくることにあり

「睡眠の質が筋トレで改善する」と聞いて、意外に思う人は少ないだろう。多くの人が、体を動かした日はぐっすり眠れることを経験しているものだ。

しかし**「筋トレで時差ボケも治る」**と聞くと、ピンと来ない人も多いかもしれない。

だがじつは、この二つは、同じ理由で起こっている。

キーワードは、**「交感神経」**と**「副交感神経」**だ。不眠も時差ボケも、この二つの調節機能が乱れることによって起こる。自律神経の乱れにより、いわゆる体内時計が狂うのだ。

目が覚めているときは交感神経が優位で覚醒している。そして眠くなると副交感神経が高まってきて、スムーズに睡眠に入れるようになる。

この切り換えがうまくいかないと、いつまでたっても眠くならなかったり、逆に明るいのに睡魔に襲われたりする。そしてやっかいなことに、交感神経は一度狂ってしまうと、なかなか元に戻りにくい。

だが、大丈夫。筋トレだ。筋トレという刺激をかけてあげることで、自律神経が整うのだ。わかりやすくいえば、**乱れた交感神経に一度ショックを与えて、その反動で正常に戻す、**というイメージだ。

実際、私のお客さんに飛行機の客室乗務員の方がいらっしゃるのだが、彼女がジムに通ってこられる大きな理由の一つが、時差ボケ対策だということだ。そして筋トレが効果的だと実感し、長年継続してくださっている。時差ボケや不眠にもっとも悩まされる職業の方の言動だけに、説得力があるといえるだろう。

それはどんなメカニズムなのか。

まず、トレーニングをすると交感神経が興奮する。覚醒しないと重いものは持ち上がらないのだから、当然だろう。それまである程度覚醒していたとしても、さらに交感神経が優位になる。

そしてここが大事なのだが、**トレーニング後、入れ替わりに今度は副交感神経が優位になって、交感神経を鎮めてくれるのだ。**筋肉は休息と栄養によって大きくなるのだから、これも体の自然のメカニズムだ。

つまり、**一度高く上げてから、思い切り落とす。自律神経を整えるには、この「落差」をつくり出すことが重要**になる。それが自然に行なわれるのだから、筋トレをすれば時差ボケが治ってしまうのも道理なのだ。

ちなみにコロナ禍前になるが、空港では、「暗闇ボクシング」といって、真っ暗な部屋の中でパンチングミットをひたすら連打するエクササイズが流行っていた。

これも「交感神経を高く上げてから、落とす」という意味では、とても理にかなった時差ボケ対策ともいえる。

ただ、ひと昔前は「スチュワーデス」と呼ばれた彼女たちの可憐で美しいイメージをまだ持っている世代の私としては、真っ暗闇の中で美女たちがときに絶叫しながらミットを連打している光景を想像すると、微妙な気分にならないでもない。

やはりここはスマートに健康的に、筋トレに変更していただきたい。

自律神経を整えるポイントは「落差」だ。
それをつくり出すもっとも効果的な方法、それが筋トレだ。
筋トレで不眠も時差ボケもしっかり治る。

REASON 20 筋トレで 眠りが深くなる

こうすれば、「深いオフ」がやってくる

ここで、筋トレと睡眠の関係について、もう少しお伝えしておこう。

不眠に悩む人は多い。

ＯＥＣＤ（経済協力開発機構）などが２０２１年に行なった調査によると、**世界で睡眠時間が一番短いのは日本人**だという。

厚生労働省の統計では約４割もの人が睡眠不足を感じているし（※１）、大手寝具メーカーの調査では、日本人の約半数に不眠症の疑いがあるそうだ（※２）。

私のジムに来られる方も最初は不眠に悩んでいる方が多く、体感としてこのデータは納得できるものがある。

睡眠不足はさまざまな心身の不調につながってしまう。それを解消することは、私たちにとって急務といえるだろう。

筋トレは、ここでも役に立つ。

筋トレは、副作用ゼロの睡眠導入剤だ。

私のパーソナルトレーニングが終わったあとには、満足感と心地よい眠気が訪れ、自然とあくびが出てくる方も多い。最後にストレッチをするのだが、「このままマットで寝たいです」という方もいるほどだ。

もちろん、その日の夜はぐっすり眠れるのはいうまでもない。「これで今晩もよく寝れるので、また1週間がんばれます」といった言葉を聞けるのは嬉しいものだ。

なぜ筋トレをすると、よく眠れるのだろうか。

そこには、筋肉をつくり出す体のしくみが深くかかわっている。

筋トレをしたあとは、約30分後からたんぱく質の吸収力が急速に上がっていく。筋トレでダメージを受けた細胞を回復させるためだ。

そのたんぱく質は小腸から吸収され、アミノ酸に分解されていくのだが、こうした働きには、多くのエネルギーが必要となる。

だから体は、内臓が吸収に専念できるようにしたいわけだ。他の活動を休ませ、機能を落とす。**眠っているときこそ、筋肉がもっとも効率よく修復され、超回復する時間なのだ。**

筋肉をつくり出すときには、体の中でこのような優先順位の変更が起こっている。だから私たちは、筋トレをすると、眠くなるのだ。

もちろん、睡眠には前に書いたように副交感神経もかかわってくる。メラトニンなどのホルモンも大切になってくる。要素が多く、なにやら複雑で、難しいと感じるかもしれない。

しかし、心配はいらない。

私たちは筋トレで体を「オン」にするだけでいいのだ。

自律神経やホルモンの働きも含め、人間の体は、要は「体のオン・オフ」のバランスで成り立っている。

いわば、波のようなもので、一方を高くすれば、逆の作用も働いて自然に下がる。交感神経を刺激すれば、そのあとは副交感神経が優位になる。

こうした調整機能が体にもともと備わっているのだから、すべてをコントロールする必要はないのだ。

強く「オン」にすればするほど、次は深い「オフ」が訪れる。眠くなりたければ、

逆に体を最高に活性化してあげればよい。

筋トレは体を最高に活性化し、オンにしてくれるのだから、当然深いオフにいざなってくれるのだ。

眠れない原因をあれこれ考えるのはやめよう。
まずは筋トレで体を強く「オン」の状態にしよう。
あとは体が勝手に、眠気へといざなってくれるだろう。

※1　令和元年　厚生労働省「国民健康・栄養調査」より
※2　東京西川「睡眠白書2022」より

REASON 21

筋トレで弱った心がよみがえる

自分にとってベストな「適度な運動」とは?

私のパーソナルトレーニングを受けていただいている方に、心療内科の医師がいる。彼いわく、心療内科では必ず患者さんに、**「適度な運動をしてください」**と指導するのだそうだ。

「心のケアに筋トレ？」と意外に思った読者もいるかもしれない。

うつや心のトラブルは脳の問題だと思われがちだが、考えてみれば脳も体の一部だ。

想像以上に体全体が連携していることが、最新の医学でも明らかになってきている。

つまり脳だけをケアすればよいわけではなく、**体の機能全体を上げていくことが大切**ということだ。だから心療内科の医師は「適度な運動」をすすめる。

先の医師の方は自らそれを実践すべく、私のジムに通ってきている、というわけだが、ただ、何が難しいといって、この**「適度な運動」のさじ加減ほど、難しいものはない。**


運動強度が低すぎては効果が薄い。しかし、やりすぎても逆効果になるし、イヤになって続かなくなってしまう。

その見極めが難しい。体調は毎日違うし、気分が変わればやる気も変わる。さらには本人が気づいていない体内の変化もある。

そこで私は、そうした変化を見逃さないため、視覚から得られる情報だけでなく、会話のなかでさりげなくコンディションや最近の食生活なども聞き出す。トレーニング中の調子の変化も見逃さず、むしろ上向くように持っていく。そこにその会員さんの過去のデータの蓄積をふまえて、総合的に「適度な運動」を導き出すのだ。

このように、**「適度な運動」の奥は深い。**

30年以上パーソナルトレーナーをしている私でも、いまでも追求し続けている。ここだけはいくら最新のトレーニング知識を学んでも、自分の体で結果を出していても、極めたとはいえないのだ。

だがこの**「適度」のさじ加減ひとつで、トレーニング効果がまったく違ってくるし、ひいてはそれが心の回復にも大きくかかわってくる。**だから、責任は重大だ。そこがわかっている人は、先の医師のように自らジムに通い、「適度な運動」を筋トレのプロに学ぶ人もいる。

また、そうした向上心のある医師の方からは、患者さんをご紹介いただくことも多い。プロはプロを知る、ということなのかもしれない。

そういった事情もあり、私のジムには、うつの方をはじめ、強迫性障害の方などもいらっしゃるので、しっかりと病名をトレーナーと共有したうえで、トレーニングメニューを組ませていただいている。

いまの時代、ネット動画でもエクササイズの方法はわかる。自宅でトレーニングせざるを得ない事情がある人もいるだろう。しかし、「適度な運動」のさじ加減は、決して適当では済まされない。

プロのトレーナーのアドバイスをぜひ活用してほしい。
自分にとってベストな「適度な筋トレ」を知り、実行してほしい。
そして、最短距離で心身ともに健康になろう。

REASON 22

筋トレで「自己効力感」が上がる

「自分はできる」という自信のつくり方

「自己効力感」という言葉をご存じだろうか。

なにやら小難しい言葉だが、平たくいってしまえば、**「自分はできる！」という自信**のことだ。

この気持ちが強ければ強いほど、実際に結果もよくなることが、心理学の研究でわかっている。

そしてよい結果が出れば、もっと行動したくなり、ますますよい結果が出る……という好循環が起こる。


いわゆる「成功」というものは、この循環の結果にすぎない。

だから、**むやみに成功を追い求めるよりも、地道に「自分はできる」という気持ちを育てていくことが肝要**だ。

しかし、いまの時代は、こうした好循環とは逆の、「悪循環」を起こす要因があまりにも多いのだ。


世界的に人間の寿命が伸び、高齢化が進んでいる。

それはつまり、「思うように動かない自分の体」に直面する機会が増えることを意味する。日常生活で、「こんなことすらできなくなったのか……」と感じることが増えたり、自分を情けなく思ったり、そういう自分を責めたりもする。高齢になると、そういうネガティブな時間が増えていく。

つまり、**「自分はできない」という、自己効力感がどんどん下がる悪循環が生まれやすい時代**なのだ。

とくに日本は世界一高齢化が進んでいるから、前例もなく対策も不十分。無防備な状態で、悪影響をいち早く受けてしまうことになる。

自己嫌悪からのひきもこり、うつ、自傷行為……あなたがこうした悪循環に陥らないために、そしてあなたの家族を陥らせないために、前例にこだわらない対策が求められているのだ。

そこで私が提案するのは、もちろん筋トレだ。

筋トレは、その悪循環を断ち切り、気持ちを好循環に切り換えてくれるからだ。

そこには、さまざまな神経伝達物質の好影響がある。

先にも述べた**テストステロン**は、ストレスに強くなり苦痛をやわらげる効果がある。

快感ホルモンと呼ばれる**ドーパミン**も分泌されるから、喜びの気持ちそのものも湧いてくる。

このように、**筋トレは自己効力感の低下から生まれてしまう悪循環を生理学的に断ち切り、逆転させてくれる**のだ。

加えて、**筋トレはシンプルでわかりやすい。**

「○kgの重さが何回挙がった」あるいは「前と比べて扱える重量が増えた」など、非常にシンプルだ。

あいまいさはゼロである。

自分の進歩が目に見えてわかる。だから自己効力感も育ちやすくなる。

さらには、筋肉は誰でも大きくすることができる。

男性でも女性でも、老いも若きも、誰でもやればやった分だけ筋肉は大きくなる。

誤解している人も多いようだが、**高齢になっても筋肉は成長する**のだ。還暦を過ぎてから20代のころよりも力持ちになった、ということもめずらしくない。

生きている限り私たちは新陳代謝している。

だから、何歳になっても筋肉は必ず成長する。たとえ100歳になっても、それは変わらない。


あなたは、できる。

何歳になっても、どれだけ落ち込んでも、筋トレはあなたを待っている。

悪循環を断ち切り、自信に満ちた人生を送ろうではないか。

REASON 23

筋トレで 心をリセットできる

「何も考えずにトレーニング」ができれば最高

一日の仕事を終えると、気持ちを切り換えてリラックスしたくなるものだ。

誰しも多かれ少なかれ、ストレスを日々感じている。イヤなことは忘れ、明日への英気を養いたいのが人情だろう。

そんなときにも最高なのが、筋トレだ。

なぜなら、**筋トレは、強制的にマイナス思考を「遮断」してくれる**からだ。

全力に近い力を出すには、意識を筋肉に集中しなければならない。そうしなければ力が出ないように、体はできている。

あなたも体感でわかるはずだ。

イヤなことを思い出しながら、ギリギリ1回挙げるのがやっとの重量を持ち上げられるだろうか。

そんなことができる人は存在しない。筋トレをすればどんなストレスがあっても、悩み事があっても、強制的に思考と切り離されるのだ。

そのときの心の状態は、単にストレスを感じないというだけではない。

よく一流のアスリートが極限にまで集中した状態を**「ゾーン」**と呼ぶ。

ビジネスの世界では**「フロー」**といった言葉で表現する。

筋トレで全力を出した瞬間は、程度の差はあれ、そうした集中状態に近い。

思考と切り離され、自分という意識さえも薄れ、ただ重量を挙げることに集中する。まさにそのとき、脳内ではドーパミンが分泌されて快楽を感じる。ベータ・エンドルフィンも分泌され、その状態が比較的長く続くようにもなる。

筋トレをすると達成感や満足感を感じるのは、こうした脳のしくみによるものだ。単にストレスから気が逸れるだけでなく、よりポジティブな感情を得られる。だから筋トレは、心のリセット効果が高いのだ。

なお、こうした集中状態を維持するにはコツがある。**できるだけ余計なことを考えないで済むように、事前に環境をつくっておくことだ。**

先に述べた「フロー」という概念を生み出した心理学者、ミハイ・チクセントミハイによれば、**フロー状態を維持するためには、気を散らすものを意識から締め出す必要がある**という。

筋トレでいえば、「次に、どの種目をやろうか」「何セットを何回挙げようか」といった思考すら、さまたげになるということだ。

だから心をしっかりリセットしたいのであれば、事前にトレーニングメニューを組んでおくのは当然として、それを書き出すなどして、思考の負担を減らすことも大切だ。欲をいえば、**パーソナルトレーナーに、次はこれをしましょう、次はこれを何回挙げましょうと、「いわれるがままに何も考えずにトレーニングをする」ことができれば最高**である。

すぐれたトレーナーであれば、そこに上手にかけ声や応援の声、そしてできたことに対する巧みな褒め言葉なども加わることになる。そのような環境で筋トレできれば、心がリセットされる効果は、最大限に高まることだろう。

疲れた心は筋トレでリセットできる。
できれば、ジムで、トレーナーの指導を受けたい。
そして、「何も考えない」最高の状態で取り組んでいただきたい。

REASON 24 筋トレで ワイルドになれる

「私たちは動物だ」

つい忘れがちになってしまうこと。

それは、**「私たちは動物だ」**ということだ。

私たち人類は、長距離を歩き、狩りをしたり、木の実を拾ったりして、体を動かして生きてきた動物だ。少なくとも約700万年間、そうやって生きてきた。

だから、**私たちの体や脳は、「動物」として動くことを前提にしてできている。**そして、そうしなければ維持できないようになっている。

しかし現代社会はどうだろう。

指先を動かすだけで、食べ物が手に入る。生活に必要なあらゆるものも、届けてもらえる。

あらゆることがネットにつながり、ＡＩも搭載されつつあるから、何かを考えることすら減ってきている。今後ますます、そうなっていくだろう。

このことが、体に悪くないわけがない。

肥満、糖尿病、高脂血症、高血圧といった生活習慣病の激増しかり、うつ病の急増しかり。「現代病」という言葉があるように、急すぎる文明の進歩に、私たちの体は追いついていない。

だからこそ、筋トレだ。

筋肉を使えば、心身が健康になる。日頃使っていない筋肉を使うことで、血流が増え、栄養が体に行き渡る。脳にも酸素や栄養が運ばれるし、神経が筋肉をコントロールする能力も高まるから、活動的にもなる。

とくに重要なのは、太ももからお腹にかけての筋肉、いわゆる体幹の筋肉だ。体幹は人間の体の中で一番筋肉が多い。

体幹を鍛えることは、健康にとっての好影響も大きい。

ただ、人間とは怠惰《たいだ》な生き物でもある。

便利に生活しているのに、わざわざ手間をかけて筋トレをすることに気が乗らない人もいるかもしれない。

しかし考えてみれば、私たちはすでに、便利さに溺れず自分の健康をコントロールしようとしている。

たとえば、食生活だ。便利で安いからといって、インスタント食品ばかり食べていたら、健康を害することはもう知っている。

だから私たちは加工食品を控えたり、栄養価を気にしたり、バランスを考えたり、
あえて手間ひまかけて料理したりしている。
体にも同じように手間ひまをかけようではないか。

もっとワイルドになろう。動物としての体を目覚めさせよう。
文明に流されず、自分の意思で健康をコントロールするのだ。
そのためには、筋トレである。

REASON 25 筋トレでハンデも克服できる

私の「師匠」についての話をしよう

私は、六〇代が見えてきたいまもボディビルダーとして大会に出場し続け、中高年専門のパーソナルトレーニングジムも経営している。

会員さんには70歳以上の方も多く、最高齢は93歳だ。

いわば、**私は「シニア」に日本一こだわった筋トレの専門家**だと自負している。

私はなぜこの道を選んだのか？

それは、年を取ることで体力が衰え、気力まで失ってしまっている人があまりにも多いからだ。

老いを感じて外出が減り、ひきこもりがちになる。すると足腰が弱って血流が減る。その結果、脳への酸素と栄養が不足し、認知症になる。これがいまや高齢者のお決まりのコースのようになってしまっている。

しかし事実は逆なのだ。

私たちは、年を取れば取るほど心身ともに元気になれる。筋トレをすれば、死ぬまで元気いられる——。

私はこの「事実」を証明するために自らボディビルの大会に出場し続けているし、中高年専門のジムを経営しているといっても過言ではない。

ここで、この事実を私に教え、この道に私を導いてくれた恩師の話をしたい。

私の師匠は、学生時代についていただいたパーソナルトレーナーだった。私が野球で肩を傷め、治しながらもトレーニングしなければならなったことが出会いのきっかけだ。

師匠は当時70歳前後。しかも下半身麻痺だった。

常識で考えれば、車椅子で生活する以外に選択肢はないだろう。しかし彼は杖もつかずに自分の足で歩いていた。

わずかながら意識が届く筋肉があり、そこを最大限に鍛えることによって、自力で歩けるようになったのだ。

足は細く、歩き方はロボットのようにぎこちなかったが、胸を張って背筋を伸ばして歩く姿は、むしろ普通の人よりも威厳に満ちていた。

それだけではない。

師匠は、ボディビルの大会にも出場し続けていた。

しかも健常者と同じ大会だ。

よく協会が許可してくれたと思うのだが、一人で直立して静止することが難しいため、後ろから黒子がささえてポーズを取っていた。

すごいのは、下半身は普通の人より細いにもかかわらず、上半身が他のボディビルダーにまったく引けを取っていないことだった。

分厚い大胸筋、せり出した広背筋、くっきりと割れた腹筋……。どの筋肉もみごとに発達しており、上半身だけ見れば上位入賞も狙えるレベルだった。

私はステージ上のその姿を見て、衝撃を受けた。筋骨隆々の上半身と、か細い下半身のギャップが、そのまま意志の力の偉大さを示していた。

人間とは、ハンディキャップがあっても、高齢者になっても、間違いなく自分を変えることができる。このことを、これ以上ないほどの説得力をもって、私に教えてくれたのだ。

それまで体力自慢で野球でも結果を出していた私だったが、この出来事を期に、自分のなかで何かが決定的に変わったように思う。

その後は師匠の厳しい指導を受けつつ、やがて自らもパーソナルトレーナーとなり、ボディビルの大会に出場し続けていまに至る。

そしてこれからも、この道を歩み続けたい。


人生はまだまだこれからだ。

そして一人でも多くの人に知ってもらいたい。

「年を取れば取るほど心身ともに強くなれる」という事実を。

第3章

いい仕事をするために

REASON 26

筋トレで リモートワークがはかどる

「それは体にとっていいことか？」という問いを忘れない

あなたは、リモートワークをしているのだろうか？

コロナ禍で一時的に自宅で働いた、という人もいるだろう。あるいはいまもそうしている、という人もいるかもしれない。

リモートワークには問題がある。
トレーニング経験があればよくわかると思う。
そう、体によくないのだ。

まず、運動量が決定的に少なくなる。とくに歩かなくなるのが致命的だ。脚の筋肉は人間の体の中でもっとも大きい筋肉だからだ。

この筋肉が減ってしまうと、基礎代謝が減って太りやすくなり、血流も悪くなる。皮膚や血管にも炎症が起きやすくなるから、免疫力も下がるだろう。

歩くための筋肉が落ちることで、ますます歩きたくなくなる。たまの散歩や運動もおっくうになってしまい、ますます筋肉が減る、という悪循環だ。食べるものもおいしくなくなるし、精神的にもストレスが溜まってくるし、家族との関係もギクシャクしてくる。

こんな状態で、仕事がはかどるはずがない。

しかし、大丈夫。私たちには筋トレがある。

筋トレでリモートワークの不健康さは、すべてカバーできる。筋肉量を増やし、基礎代謝を上げて、血流もよくして能動的、活動的になる。仕事の生産性も上がることだろう。


ただし、注意点もある。

続けられるどうか。これに尽きる。

リモートワークは、一時的なもので終わらない可能性が高いだけに、筋トレもずっと続けられるものでなければならない。

そういう意味で、インターネットでトレーニングの動画を見るといったお手軽な方法は、すぐにはじめられるだけに、すぐにやめてしまう危険性も高いといえるだろう。

筋トレは結果が出ると楽しくなり、どんどん意欲が湧いてくるものだが、その逆もまたしかりだ。

いくらやっても結果が出なければ、つまらなくなって、続けるのが苦痛になってしまう。だから最初のうちはネットの動画を見てお手軽にトレーニングするのもよいが、**筋トレをしっかりと生活の中に取り入れるのなら、やはりジムに通うことを検討したいところだ。**

なお、こうした問題は、リモートワークだけに限らないだろう。

これからの社会は、ＡＩにより、ますます便利になっていく。遠隔化、自動化、無人化で、お手軽なサービスが増える。その流れはますます加速していくだろうし、便利さを覚えたらもう戻れないから注意が必要だ。

便利になるのはいい。
だが、それが体にいいことか、という問いも絶えず持たなければいけない。
答えが「ＮＯ」ならどうするか？　もちろん、筋トレをするのだ。

REASON 27

筋トレで計画力が磨かれる

筋トレも、仕事も「計画」がものをいう

あなたは筋肉が大きい人とそうでない人の、決定的な違いを知っているだろうか？
努力？
やる気？
才能？

いずれも正しくない。

正解は、**「計画」**だ。

筋トレにはたしかに、重いものを持ち上げてスッキリするという、単純な側面もある。理屈抜きに気持ちがよいし、数多くのメリットも得られる。

だが、それだけではなかなか続かない。

なぜなら、モチベーションは必ず徐々に下がっていくものだからだ。いずれは飽きもくるし、思うように進歩せず、ガッカリすることもあるだろう。長い目で見れば、意志の力や才能だけで継続することはできない。

しかし、「計画」があれば話は別だ。

いずれペースが落ちることを織り込んでおけば、やる気があるときに成果を稼ぎ、落ち込みを防ぐこともできる。

あるいは、最初はうまくいかなくても、あとで帳尻を合わせることもできる。目先の成果に一喜一憂して振り回されることが減るだろう。

逆に、計画どおりにうまく成長しているときは、嬉しくなってやる気がどんどん湧いてくる。

だから、**筋肉を大きくしたいと望む人は、自然と計画を立てるのが好きになる**のだ。

これはダイエットについても同じことがいえる。

たとえば、体重を10kg減らしたいとしよう。

普通にやっていたら、数か月がんばった時点で半分の5kgくらいは順調に減っていないと、焦りが生まれてくるだろう。

すると、最初の勢いもいつしかなくなり、やる気が徐々に落ちてくる。そんな状態が続けば自己嫌悪に陥って、ダイエット自体をあきらめてしまう人も出て当然だ。

しかし計画があれば、そうした焦りや落ち込みとは無縁になる。

前半がうまくいかなくても、後半でペースを上げよう、と冷静に考えることができるし、あるいは後半やる気が落ちることを先読みして、前半にスタートダッシュをがんばろう、と考えることもできる。一時の感情に左右されず、長い目で考えることができるようになるのだ。

筋トレにおける計画立案能力は、あなたの仕事にも活かせる。ビジネスで「結果を出す」力を間違いなく高めてくれるだろう。

筋トレをしていれば、自然と計画を立てるクセがついていく。
筋トレにハマればハマるほど、感情に左右されなくなる。
筋トレで、あなたの計画立案能力に磨きがかかる。

REASON
28

筋トレで目標達成力がつく

筋トレにも、仕事にも重要な「PDCAサイクル」

トレーニングをすると、体が変わるが、思い描いた筋肉の大きさや形になっているか、あるいはならなかったか、そこは人それぞれだろう。

しかし誰もが共通しているのは、「**必ず自分の体をチェックする**」ということだ。

もし順調に大きくなっていればいまのやり方を続けるし、いまひとつならどこが悪かったのかをふまえて、メニューやフォームを直したくなる。

そして、また次のトレーニングに臨む。これらは筋トレをやっていればごく当たり前のことだが、ビジネスの世界では、なにやら**「PDCAサイクル」**というかっこいい言い方をするものらしい。

PDCAとは、Plan（計画）、Do（実行）、Check（評価）、Action（改善）の略で、目標達成や効率化のための方法論だ。

これを繰り返し回すことにより、会社はよりすぐれた製品や、すばらしいサービスを生み出すことができる。そして目標に向かって事業を成長させていくことができる。

もうおわかりだと思うが、そう、**筋トレはあなたの目標達成力を強化し、ビジネスパーソンとして成長させるのだ。**

筋トレ自体が「PDCAサイクル」であるだけでなく、そこに強くのめり込める点がポイントなのだ。

たとえば、筋トレでＣｈｅｃｋ（評価）するときのことを思い出してみよう。

多くの人は鏡の前で、入念に自分の筋肉を眺めたことだろう。

男性ならば、少しでも大きくなっていないか目を皿のようにしてチェックし、女性ならば、以前よりきれいな形になっていないか、あらゆる角度から眺める。人によっては、これを延々と続けることもめずらしくない。

あなたは仕事で毎回、ここまでのめり込めているだろうか？

もしそうではないなら、**筋トレはあなたにとって、もっとも評価（Ｃｈｅｃｋ）能力を高めてくれる方法論**ということだ。


筋トレの効用はさらに広がっていく。

筋肉をチェックし、思うように大きくなっていなかったら、その失望は大きい。その悔しさは、そのまま次のＡｃｔｉｏｎ（改善）に活かされる。

「前回は反動を使ってしまい、筋肉への刺激が減ってしまっていたのではないか」

「トレーニング後のたんぱく質が、十分に摂れていなかったのではないか」など、あらゆる改善点をリストアップし、次に活かそうとするだろう。

つまり、**筋トレであなたの改善（Action）能力が何度も使われ、熟練していくということなのだ。**

繰り返そう。**筋トレは、あなたの「目標達成力」を高めてくれる。そして、ビジネスパーソンとして成長させてくれる。**

私のジムには企業経営者の方も多いのだが、彼らから実際の事業への好影響をフィードバックしてもらえる機会も多く、この考え方に、ますます自信を深めている次第である。

筋トレで、一喜一憂しよう。
試行錯誤を繰り返し、熟練していこう。
そして、あなたの「**目標達成力**」をどんどん高めていただきたい。

REASON 29

筋トレで問題解決が面白くなる

「筋トレは経営と同じだ」

あなたは勉強が好きだろうか？

「ノー」

では、筋トレが好きだろうか？

「イエス」

そんなあなたは、将来、大学院に行くかもしれない。

これは、ふざけていっているわけではない。

なぜなら、**筋トレを続けているうちに、問題解決が好きになっていく**からだ。いまは勉強が嫌いでも、たとえ何歳であっても、近い将来、大学院に行きたくなってしまう可能性が十分にあるのだ。

「いやいや、いくら筋トレがすごいからって、いくらなんでもそれはないでしょう」

と、疑問に思った人もいるだろう。

大丈夫だ。

筋トレをすれば、勉強が楽しくなる。仕事も、経営も、「問題解決をする」こと全般が楽しくなる。間違いない。

いくつか例を挙げよう。

私のジムの会員さんには、いわゆる一流大学を卒業した方も多い。東京大学出身の方もいる。彼らと話していて気づいたのだが、みんな**「勉強と筋トレは似ている」**と口をそろえていうのだ。

たしかに、考えてみれば勉強も筋トレと同じで、前項でも述べたように、重要なのは「PDCAサイクル」だ。

学習計画を立て勉強し、テストで評価され、その結果によって勉強法を工夫する。この繰り返しにより、成績はアップしていく。そして成績がアップすれば嬉しくなり、もっと勉強したくなる。コツコツやればやった分だけ上達し、報われる。

一流大学に入ったということは、このサイクルを回して目標を達成し、その成功体験の喜びを覚えている、ということでもある。

だから勉強と同じ方法論で、同じ成功体験の喜びを得られる筋トレを好んで選ぶのだ。

たとえば、東京大学はボディビルに関しては常にトップクラスの実力校なのだが、同様の理由からだろう。**筋トレは、勉強に一番近いスポーツだと私は考えている。**

他の例も挙げよう。

前にも書いたが、私のジムには企業経営者も多い。そしていうまでもなく、会社の経営も「ＰＤＣＡサイクル」だ。業績の目標を設定し、ＰＤＣＡを回して達成していく。だから、ジムに通ってこられる経営者の方はみな、**「筋トレは経営と同じだ」**という。

経営は、筋トレでいうと、まだ挙げることができない重量をいかに挙げていくか、というチャレンジに近いものがある。

なぜできないのか、あらゆる可能性をチェックし、持てるすべてのリソースを駆使して再チャレンジする。そしてついに挙がったときの喜び。そして次はもっと高い目標にチャレンジしていく。この感覚が、筋トレと経営はよく似ているのだ。

筋トレをすれば、「問題解決が好きになる」ということが、おわかりいただけたと思う。

え？　大学院の話はどうなったのかって？

それは勉強嫌いでスポーツ一筋だった私が40歳を超えてから、「勉強って、筋トレと同じじゃないか」と遅ればせながら気づき、急に勉強が楽しくてしかたなくなってしまったからだ。そして大学院に入り、卒業できたことに誰よりも私自身が一番驚いているからでもある。

あの私がこうなったのだから、再現性は高い。間違いない。

筋トレと勉強は似ている。
筋トレと経営は同じだ。
筋トレは、あなたの人生の問題を解決するための最強の武器となる。

REASON 30

筋トレで経営者マインドが磨かれる

「自分の体に投資する」という考え方

「筋トレと経営は同じだ」と前項で述べた。
筋トレと会社経営。
昨今はこの二つが、大いに関係あることが知られるようになってきた。
私もまったく同感だ。

筋トレと経営には共通点が多い。

たとえば、私のジムにも経営者のトレーニーがいるが、**経営者ほど、筋トレを休まない。**飽きることなく、気をゆるめることもなく、自分のペースでコツコツと筋トレを続ける。

それはなぜかと聞いてみると、みなさん「投資」という考え方が共通していることがわかる。

事業に資金を投資するのと同じように、自分の体にも投資する、という考え方だ。

これは会社経営では当たり前のことだ。困難な状況になってから手を打つのでは遅い。選択肢が限られるし、ダメージも大きくなる。間に合わずに倒産してしまうリスクも高まってしまう。

そうならないためにも、事前に投資をして、手を打っておくのは経営者としては当然のことだ。

それは、人間の健康も同じだ。病気になってからではやはり遅い。日頃からケアをすることで健康を保つことができるし、筋トレなどで体に投資することで、より健康になっていくこともできる。

いってしまえば当たり前のことなのだが、こと「健康」の話になると、おろそかにしてしまう人が多い。

よく「失ってはじめて、健康のありがたさがわかる」という話を聞くが、そういう言葉があること自体、「自分の体に投資する」という考え方がまだまだ浸透していないということだろう。

筋トレと会社経営の共通点は、それだけにとどまらない。**「節約」**という考え方も共通している。

たとえば、自分だけが健康でも、妻や家族が不健康になってしまえば、結局自分の心労が増えるし、時間も労力も取られてしまうだろう。逆に、みなが健康であれば、不必要なストレスや時間のロスを節約することができる。

このように、**機会損失を減らして「節約」するという考え方も、経営者が筋トレをする大きな動機**となっている。

だから経営者は、家族も健康にしようとする傾向がある。奥さんに筋トレをすすめ、お父さんやお母さんにもすすめる。さらには社員にもすすめていって、法人で会員になる、というケースも多いのだ。

筋トレは投資であり、節約である。
まだまだ健康だからこそ、筋トレをしよう。
そして経営者マインドも同時に体得していこうではないか。

REASON 31 筋トレで「1年後」が楽しみになる

体は四季の変化に応じて変化する

前に「計画」を立てることの大切さを述べたが、ここで、具体的なトレーニング計画の話をしよう。

筋トレの計画を立てるときは、「1年」を単位にすることがおすすめだ。

なぜなら、四季の変化に応じて体調も変化するからだ。

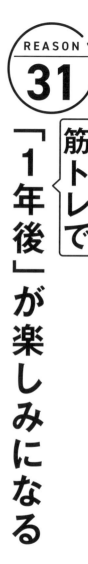

季節には、筋肉がつきやすい季節や、ダイエットに適した季節など、それぞれの特徴がある。

たとえば、暑い夏は胃腸が疲れて食欲が減るから、ダイエットに向いている。

逆に寒くなっていく秋や冬は体も脂肪を溜め込もうとするので、カロリーを摂って筋肉を大きくするのに向いている。

私たちの体は自然の影響を大きく受けるので、それに逆らうのは効率が悪い。むしろ積極的に変化を取り入れ、短所と長所を補い合って体をつくるほうが、ラクに成果が出せる。

そのためには、四季すべてを含んだ1年間という長さが好都合なのだ。

逆にいえば、「変化」を想定しないトレーニング計画を立てるのはあまり賢くない。

たとえば、体重が減りがちな季節にやみくもに最大重量にチャレンジしても、思ったように筋肉は発達しないだろう。伸び悩んでスランプに陥ったり、もっとひどい場合はケガをしてしまったりする危険性だってある。

また、体は刺激に順応してしまうので、トレーニング内容もいつも同じままでは効果が薄れてくる。以前は効果的だったからといって、いまもそうだとは限らない。

このように、計画に変化を織り込んでおかないと、がんばっているのに成果が出ず、トレーニング自体がイヤになってしまうことも起こりうる。

なかには自分を責めて根性論でがんばろうとする人がいるが、ナンセンスだ。なかなか成果が出ないときは、まずは計画を疑うべきなのだ。


体重を増やす。

減らす。

キープする。

このパターンを自然の変化に合わせて柔軟に変化させる計画。

常に筋肉を成長させ続けるために刺激を変化させ、筋肉を慣れさせない計画。

このような計画を立てることができれば、ダイエットだろうと増量だろうと、やる前から成功は半ば決まっているようなものだ。
トレーニング計画が、いかに成果を左右するか、おわかりいただけたものと思う。

トレーニングをしているのに体に変化がないあなた。
これを機にぜひ「1年計画」に改めてみよう。
季節の変化を織り込んで、思いどおりの体にしていこうではないか。

REASON 32 筋トレで モチベーションが上がる

「優先順位」がなぜ大切か

具体的なトレーニングのコツを、さらにお伝えしよう。
「やる気」を維持するうえで大切なのは、自分自身で優先順位を決めることだ。
たとえばダイエットひとつとっても、いろいろな要素がある。
体重を落としたいのか。体脂肪を減らしたいのか。足を細くしたいのか。ウエストをくびれさせたいのか。お尻を引き締めたいのか――。

あれこれ一度に追いかけると、途中であれもできていない、これもできていない、と落ち込むことにつながり、やる気も分散してしまう。

そこで、「優先順位」だ。優先順位さえ決めておけば、分散することがなくなる。進歩を実感しやすくなり、そしてやる気がますます湧いてくる、という好循環だ。

優先順位を決めたら、トレーニングをそこに集中する。

たとえばお尻を引き締めたいのであれば、大臀筋《だいでんきん》を中心にすると決める。すると自然に、それを補助する筋肉にも意識が行く。前側の骨盤後傾を維持する腹直筋《ふくちょくきん》や内・外腹斜筋《ふくしゃきん》のトレーニングも押さえておきたいし、腹圧を高める腹横筋《ふくおうきん》も重要だ、といったことが見えてくる。

このようにトレーニングを集中することで、体が刺激に慣れる前に筋肥大させることができる。筋肉を比較的短期間に、一定のレベルに持っていくことができる。

そして目に見えて成果が出れば、もっとトレーニングしたいという欲も出てくる。さらに進歩を実感でき、やる気がさらに出て……という好循環がまた起こる。

やる気を左右する優先順位は、肉体的なことだけにとどまらない。**あなたの日常生活におけるイベントなども計画に織り込んでいくとよい。**

たとえば、春に同窓会があるのでそれまでにお腹のぜい肉を取りたい、というのもやる気を引き出す立派な要素だ。他にも結婚式などの人生におけるビッグイベントも積極的に活かしていきたい。

日常生活とトレーニングを分けて考えるのではなく、相乗効果が生まれるように考えて、優先順位を決めていこう。

また、**やる気は必ず下がるもの、ということも知っておきたい。**

やっかいなもので、どれだけ燃え上がったとしても、いつか必ず下がるのがやる気だ。そこで下がりっぱなしになってしまうか、あるいは下げ止まってふたたび上昇させることができるか。ここが成否の分かれ目になる。

ここでは、先のトレーニング計画が活きてくる。

計画があれば、自分がどの位置にいるかがわかる。進歩が見えるから、それを励みにふたたび意欲が湧いてくることも多いのだ。

学生の中間テストではないが、**筋肉の中間チェックの地点を設けておけば、やる気が下がりにくい**、ということだ。

こうしたトレーニングメニューの組み方にはノウハウもあるので、どうしてもやる気が続かないのであれば、**一定期間だけでもプロに相談するほうがよい**だろう。

やる気のコントロールは、人生全般で使えるスキルだ。
日常生活やビジネスの場面でも活かせるようになる。
理想の体とやる気のコントロール、両方とももものにしようではないか。

REASON 33
筋トレで自己管理がうまくなる

私がトレーニーの私生活にいちいち口を出さないわけ

私のジムには、生活上のいろいろな悩みを持った方がいらっしゃる。
食生活が乱れている方とか、飲酒が多すぎる方とか、睡眠不足といった方々だ。
なかには、
「先生、僕は酒をおいしく飲むのが楽しみで生きているから、やめろとはいわないでください」

と先に釘を刺してくる方もいる。


そこで私はどうするか？

快諾だ。私は、トレーニーが筋トレをはじめるにあたり、何かをやめろとは一切いわないし、生活習慣の詮索もしない。

私がジムでするのは、筋肉をつけるアドバイスだけだ。無関心なのではない。筋トレさえすれば、自己管理がうまくなっていくことがわかっているからだ。

私が止めずとも、やがて食生活が規則正しくなる。

お酒の量が減り、睡眠不足も自然と解消することになる。

それがわかっているので、私は何も止めないのだ。


筋トレがすばらしいのは、大きな「欲」が生まれることだ。

生活習慣の問題は「頭ではわかっていても、やめられない」ことなのだが、筋トレをするとそこが変わる。**筋肉がつくと嬉しくなり、もっと大きく、かっこよくしたくなる。せっかく筋トレをしたのだから、その効果を最大限、享受したくなる。そして、ついにはトレーニング効果を邪魔するものを嫌い、自らの考えと意志で生活から排除しはじめる。**

筋トレをはじめると、よりよい筋肉のために、しっかりと自分の生活を管理したくなるという「欲」が生まれるのだ。そして、それが他の生活習慣に優先するようになる。

たとえば、最初は私に釘を刺していた方も、こんなことをおっしゃるようになる。

「トレーニングの前日は、お酒を飲むのは一切やめました」

と。

私は何も禁じていない。あれをやめよ、これをやめろとはいわない。

ただ筋トレを教えただけだ。

生活習慣が改善したのは筋トレのおかげで、私は筋トレを教えただけ。それでみなさんが悩みを解消し、感謝までしていただけるのだから、まさに「筋肉さまさま」というものだろう。

なお筋トレのすごさは、話がそこで終わらないことだ。

先の例でいえば、最初は、トレーニングの前日だけお酒をやめる人が多い。しかし筋肉が発達するにしたがって、その日数も週に2日、3日と増えてくる。

さらには、栄養はどのようなものを摂ったほうがいいか、そのための食材は、料理法は……と、筋肉を発達させたい一心で、さまざまな知的好奇心が湧いてくる。

私の経験からいえば、**筋トレをはじめた人は、多かれ少なかれ、必ず「栄養学」を勉強しはじめる。**

そして、それが高じると、お酒を手放せなかった人であっても、最終的には断酒する人もめずらしくない。そしていつのまにか、生活全体を自分で管理している状態になるのだ。

筋トレの喜びとは、かくも強力なものなのだ。

逆にいえば、**筋トレを教える者が、生活習慣の何かを禁じたり、楽しみを奪うようなアドバイスをしたりするようでは、まだまだ未熟**ということだ。

それでは喜びではなく、「苦痛」を生んでしまう。苦痛があってはトレーニングをやめたくなるし、反動でリバウンドもしてしまうだろう。

筋トレに先立つものは、苦痛ではなく、喜びでなければいけない。
あなたも、筋肉が成長する喜びを大事にしよう。
喜びさえあれば、健康も自己管理のスキルも、あとから勝手についてくる。

REASON 34

筋トレで「自分」がよくわかる

ベンチプレスばかりやっていると気づくこと

何気なく使われているが、じつはよくわかっていない言葉の一つに、「適度な運動」というものがある。

「免疫を上げるために適度な運動をしましょう」

「認知症を防ぐには適度な運動が大切です」

など、日常でよく耳にするフレーズだ。

別に間違ってはいないし、なんとなく受け入れている人も多いだろう。

「適度な運動」のさじ加減ほど難しいものはない、ということは前に述べたが、実際、この言葉ほどあいまいな言葉もない。目安も基準もないから、具体的に何をどうすればいいかは、まったくわからない。

それでは人は行動できない。なんの運動をはじめてよいかもわからないだろう。すべては受け手の主観しだいだから、運動量が少なすぎて効果が出ない人もいれば、張り切りすぎて体を痛める人も出てくる。このように、「適度な運動」ならぬ「適当な運動」がまかり通ってしまっているのが、現実なのだ。

適度な運動量を見極めるのはとても難しく、なにしろトップアスリートでさえ、客観的なアドバイスをもらうために、わざわざプロコーチを雇うほどなのだから。ましてや、アスリートでもない普通の人に、運動の種類やその量についての判断を丸投げするなどもってのほかだ。
無責任といわれてもしかたがないだろう。

そこで、筋トレだが、すでに書いたように、**筋肉を大きくしたいと望む人は、自然と計画を立てるのが好きになる。**トレーニング後は、鏡を眺めながら結果を入念に検証し、次のトレーニングの改善につなげていく。この「PDCA（計画・実行・評価・改善）サイクル」が回ることで、だんだん自分のイメージと現実が近づいていく。

そして自分にとって適した運動が、頭と体、両方で理解できるようになるのだ。

もちろんはじめのうちは、どうしても偏ってしまうだろう。

たとえば男性であれば、分厚い胸板に憧れる人が多い。だからついベンチプレスばかりやってしまうのは、「筋トレあるある」だ。

だがそのうち、気がつくようになる。

胸はかっこよく発達してきているのに、肩が細いのでバランスが悪い。

あるいは背中の筋肉が小さいので、上半身が逆三角形になってこない。

こうした不満が出てくる。**自分のイメージと現実のギャップに気がつき、適した運動メニューに気がつけるようになる。**

こうした筋トレを繰り返すことで、自分の嗜好や偏りを冷静に客観視できるようになる。自分の強みも弱みもわかり、それをふまえて改善し、成長していくことができるのだ。

この「自分を客観的に見る目」を養い、成長していく、というサイクルは、当然、仕事でも同じだ。何度もいうが、筋トレには、ビジネスパーソンとしても成長するヒントがあふれているのだ。

筋トレをすれば、自分を客観的に見る目を養える。
何か運動をはじめようといわれたら?
迷うことはない。筋トレだ。

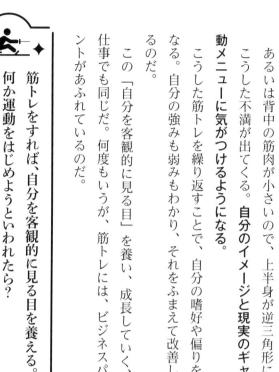

REASON 35

筋トレで出社が楽しくなる

なぜ、あの人はいつもポジティブなのか？

あなたは会社に行くのが楽しいだろうか？

残念ながら、「はい」と即答できる人は少ないかもしれない。

その理由はいろいろあるだろうが、ここでちょっと、私のジムに通ってこられるAさんの話を聞いてほしい。

Aさんの年齢は90歳。いまも元気に、毎日出社されている。

本人いわく「年が年なのでバリバリ働くという感じではないし、正直、会社に行っているといっても、たいしたことではない」とおっしゃるが、「いずれにしても仕事はとても楽しい」といわれるときの、目の輝きがすばらしい。

「そこに行くために自分の体を整えていくということが、生きるための最高のモチベーションなんです」とのことだ。だから私も、Aさんが出社を最大限楽しめるよう、筋トレでサポートをさせていただいている。

先週はどのように出社されたかを伺い、階段がきつかったと聞けば、大腿四頭筋《だいたいしとうきん》を中心に脚の筋肉を鍛える。

あるいは、強風でドアを押しても開かなかったと聞けば、ベンチプレスだ。雨が降っていてころびそうになったと聞けば、バランス感覚と体幹の筋肉を鍛えるためにスタビライザートレーニングを……。

こんな具合だ。

このように、出社を楽しみにしているAさんだが、じつはかつては、出社するのが苦痛だったという。

その理由は、仕事に対して厳しく、自分に多くを求めるあまり、できないこと、足りないことにばかりに意識が向いていたからだそうだ。社内のコミュニケーションもうまくいかず、トラブル続きだったという。

85歳を超えたころ、その苦痛はピークを迎える。精神的なことに加えて、肉体的な問題が重なってきたためだ。体が前のようには動かなくなり、会社に行くこと自体が辛くなってきたのだ。

しかし、筋トレですべてが変わる。

以前、きつかった階段が、ラクにのぼれるようになる。

長距離の移動も、苦にならなくなる。

そんな当たり前のことに、大きな喜びを感じるようになる。

すると、意識も変わってくる。

できないことではなくできることへ。

足りないことではなく自分がすでに持っていることへ。

そんなふうに焦点が変わる。

筋トレをすることで、ポジティブに物事をとらえられるようになったのだ。

そうすれば、自然と笑顔も増える。人当たりもよくなる。コミュニケーションでもトラブルが減る。逆に助けてもらえることが増える。

その結果、いまでは出社すること自体が、人生のモチベーションになるほど楽しくなってしまったことは、すでにお伝えしたとおりだ。


長い人生、よいこともあれば悪いこともある。

しかしそれは、あなたの解釈ひとつでまったく違ったものになる。

そのことに気づけば、辛いことも楽しいことに変わる。トラブルが去り、幸運のほうからこちらに向かってきてくれる。

私は筋トレを教えたが、Aさんも私に、とても大切なことを教えてくれた。

あなたの年齢は、90歳までにはまだまだ時間があるだろう。
いまからでもまったく遅くはない。筋トレをはじめよう。
そして、足るを知り、ポジティブで喜びの多い人生を送っていただきたい。

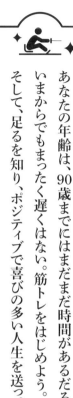

REASON 36

筋トレで 続ける力がつく

筋肉は、あなたの努力を決して忘れない

大きなことを成し遂げたい——。誰もがそのように思ったことがあるだろう。いまさに、そう思っている人も多いかもしれない。

しかし「ローマは一日にして成らず」ではないが、大きなことは急には達成できない。地道な努力に飽き、途中でイヤになって投げ出してしまうことも多いだろう。

よく「努力できるのも才能のうち」といわれる。

しかし、頭ではわかっていても、コツコツと行動し続けることは難しいものだ。

でも大丈夫。そう、筋トレだ。

筋トレをすると、「淡々とやる力」とでも呼ぶべき能力がついてくるのだ。

というのも、筋トレにも近道はないからだ。

いくら力があっても、いきなり最大重量を20kg増やすことは誰にもできない。1kgずつ、あるいはもっと少しずつ、コツコツと増やしていくしかない。

時間もかかる。思ったよりも成長がゆっくりのこともあるだろうし、逆に後退してしまうこともあるだろう。

先週100kg上がったベンチプレスが、今週は95kgに下がってしまう……。こんな悔しい思いをすることだってある。

さまざまな思いを胸に、コツコツとウェイトを挙げ続ける。多くのことを体感しながら、日々努力を積み重ねていく。こうした日々が、いつのまにか、あなたを変えて

いく。

筋トレにはあなたの努力が報われる、特別な恩恵がある。

それは**「マッスルメモリー」**と呼ばれる能力だ。

トレーニングをはじめたばかりのころだと、ちょっと体調が悪かったり、栄養の状態が悪かったりすると、とたんに挙げられる重量が減ってしまう。先週の重量の半分くらいしか挙がらない、ということだってある。

しかし、トレーニングを続けていくと、こうした落ち込みがだんだんなくなってくる。**自分のベストに近い重量を筋肉が覚えてくれるようになり、コンディションが悪くても、ある程度は常に挙げられるようになっていくのだ。**

これは自ら体感できるので、努力が報われたと感じ、さらにコツコツと努力を続けていく勇気が湧いてくるのだ。

さらに**マッスルメモリーがすばらしいのは、何か事情があってトレーニングを中断**

していても、再開すれば短期間で筋力を戻してくれることだ。

たとえば3年トレーニングを休んだとしても、以前の筋力に戻すのはその半分、あるいは3分の1の時間で済む。**以前の努力を筋肉は忘れてしまったようでいて、じつは覚えてくれているのだ。**

マッスルメモリーにより筋肉が急速に再成長するのを目の当たりにすれば、以前の努力が報われた、という喜びも強まることだろう。

このように筋トレは、あなたの努力に応え、あなたを励ましてくれる。

筋トレは、コツコツ続ける能力を高めてくれる。
筋トレで努力する才能を高めよう。
そしてそれを仕事でも活かし、ビジネスパーソンとしても大成してほしい。

第4章

人生を楽しむために

REASON 37

筋トレで日常生活が快適になる

快適な毎日は筋肉で決まる

筋トレなくして快適な日常生活なし。

筋肉がなければ快適な日常生活を送ることはできない。

なぜそう言い切れるのか？　重力に逆らって動くこと自体が筋トレだからだ。**日常生活とは、自分の体重という負荷をかけたウェイトトレーニングに他ならない。**

たとえば、**私たちは、歩くたびに、片足に体重の約2倍もの負荷がかかっている。走るとき、それは約5倍になり、階段の上り下りにいたっては体重の約7倍もの重さになるのだ。**

これは体重50kgの人でいうならば、じつに一段ごとに350kgものウェイトで、レッグプレスをしているのに近い。これを筋トレといわずして、なんといえばよいのだろうか。

あらためていう。

快適な日常生活は筋肉で決まる。

筋力が衰えると、快適な日常生活が送れなくなる。筋肉が体重という負荷に耐えられなくなったとき、それは寝たきりになるときだ。

筋トレをまったくしないで高齢を迎えると、筋肉が自分の重さを十分に扱えなくなる。そのうえケガや病気などで一度寝込んでしまうと、さらに筋力が衰える。すると、そのまま寝たきりになってしまうリスクが高まってしまう。

私たちは、「生きている限り」筋トレをしており、それを一生、維持し続けるべきなのだ。

しかし問題は、そうした指導をすべき人間のなかにも、筋トレに対して勘違いをしている人が多いことだ。

ほんの十数年くらい前までは、医療の世界ですら「高齢者は筋トレをしてはいけない」などという珍説がまことしやかに語られていた。

信じられないが、いまでも筋トレを禁じる医師がいるし、筋トレをすすめている医師ですら、その多くが「適度な運動」などというあいまいな言葉でお茶を濁しているのも事実だ。

私のジムは中高年専門なので、85歳とか90歳の方もいる。医師の言葉を真に受けてトレーニングを中断される方もいらっしゃるのだが、数か月後に会うと、急激に足腰が衰えており、残念なことに歩けなくなった方もいる。筋トレをやめてしまったことで、快適な日常生活を送れなくなってしまったのだ。

少しキツイ言い方になってしまうが、**高齢者に筋トレを禁じることは、命を削っているのと同じだ。**

筋トレについてのアドバイスは、健康寿命を左右するアドバイスなのだということを、もっと多くの人が自覚すべきだろう。

ただ、公平を期すためにもいっておきたいのだが、筋トレを教える業界の側にも、問題はあると思う。

それは、筋トレのイメージがハードすぎるということだ。メディアを見ていても、筋肉を大きくしたり、形をかっこよくしたりする情報が誇張され、あふれ返っている。普通の人から見れば、「ここまでやろうとは思わない。自分には無理だ」と引いてしまうのも無理はない。

これは、他のジムよりもすぐれていることを見せつけようとするあまりの勇み足だ。

マーケティング重視の弊害、ともいえるだろう。

本当の筋トレは、そんなにハードなものではない。筋トレをして大ケガをしたり、健康を損ねたりしてしまう人もいるが、それでは本末転倒もいいところだ。

無理なく楽しく。

そして一生続けられる。

筋トレは、そうでなければならない。


日常生活＝筋トレだ。

筋トレの質は、あなたの日常生活の質を決める。

筋トレと親しみ、いつまでも心身健康な日常生活を送っていただきたい。

REASON 38 筋トレで体が軽やかになる

まるで体に羽が生えたようになる

私のジムに来られる方は、高齢になって体力の衰えを感じ、筋トレをはじめたという人が多い。

しかし意外に思われるかもしれないが、じつはそれほど筋力は衰えていないことがほとんどだ。

先に述べたように、日常生活自体が筋トレでもあるので、筋肉量自体はそこまで急に落ちるものではないのだ。

では何が衰えているのか。

第1章でも触れた**「筋能力」**だ。

筋能力とは「筋肉をうまく使う能力」のことで、脳からの指令をいかにスムーズに筋肉が再現するかという、神経伝達をふまえた運動能力をいう。

年を取ると、まずこの筋能力が衰える。

たとえば、長年やっていない動作、というものを考えてみよう。

それは若いころにやっていたスポーツでも、あるいはもっとシンプルに全力で走ることなどでもかまわない。

頭の中では昔のイメージが残っているので、いまでも「これくらいはできるだろう」と思っているのだが、それはあくまで頭の中だけでの話だ。

実際にその動作を行なうには、神経に電気信号が流れる必要がある。

長年やっていない動作だと、その伝達効率が落ちている。だからイメージと実際の動きに、大きな差が出てくる。体に鉛でも流し込まれたように、重く感じることもあるだろう。あまりに筋能力が落ちていると、イメージとはまったく違う動作を体がしてしまうこともある。

よく子どもの運動会でお父さんが肉離れを起こした、などという話を聞くが、それも筋能力の低下が主な原因だ。

つまり、筋力が衰えたことよりも、フォームが昔とは変わってしまったために、無理な負荷がかかったことが原因なのだ。

そこで、筋トレだ。

「筋能力」を重視した筋トレをすれば、体に羽が生えたように軽く感じる。むしろ若いころより動けるようになるのも、夢ではない。

しかも、即効性がある。私のジムでは、トレーニングを終えて帰るとき、「来る前より体が軽い」とみなさんが一様に口をそろえるほどだ。

筋力そのものがアップするにはある程度の時間がかかるが、神経回路の回復は速いためだ。

体力が落ちたと感じる人こそ、やみくもな筋トレをするのではなく、「筋能力」を重視した筋トレを行なうべきだろう。

なお、これまで筋トレに親しんできた人でも、注意が必要だ。筋能力のしくみを知らないと、いずれ伸び悩むことになるからだ。

筋肉をうまく動かす筋能力をバランスよく鍛えないと、負荷が偏ってしまい、最大重量を増やしていくことができないのだ。

たとえば、**スクワット。**

得意なほうの脚だけに負荷が偏ってしまうことが多い。自分では気づきにくいが、100kgを挙げていたとしても、右脚に70kgの負荷がかかり、左脚には30kgしかかかっていない、といったこともよくあるのだ。

これでは左右差が弱点となり、最大重量が伸び悩んでしまうだろう。なかなか原因がわからず、スランプだと思い込んでしまうことにもなる。

こうした落とし穴にはまらないためにも、筋肉の「神経伝達」についてしっかりと学ぶか、筋能力についてよくわかっているトレーナーの指導を受けることをおすすめしたい。

「筋能力」を鍛えよう。
体に羽を生やそう。
そして気分も浮き立つ、軽快な日々を送っていただきたい。

REASON 39

筋トレで 五感が鋭くなる

筋肉を「見る」「触る」「聴く」――

「腹筋を割りたい」と思っている男性は多いだろう。とくにジムに通うほど意識の高い人なら、ほとんどの人が腹筋を割りたいと思っているに違いない。

しかし、現実は厳しい。一般のスポーツジムのシャワールームに行っても、腹筋が割れている人はほとんど見ないのだから。

みな腹筋を割りたいと思い、努力もしているのに、ほとんどの人は腹筋が割れていないという事実。なぜこんな喜劇、もとい悲劇が起こるのだろうか？

結論からいおう。

それは、**「効かせられていない」**からだ。

多くの人が、「回数」はしっかりと意識しているものの、肝心の「筋肉に効いたかどうか」が、二の次になっている。回数をこなしたという充実感はあるが、じつは筋肉にはさほど負荷がかかっていないのだ。

それでは筋肉はなかなか大きくならないし、基礎代謝も上がらない。だからその部位の脂肪もなかなか燃焼しない、という悪循環だ。「やったつもりに」なってしまっているのだ。

正しく筋肉を発達させるには、正しい部位に正しく負荷をかけること。そして、効

かせなければならない。

そのためには、筋肉をしっかりと意識できるよう、鋭敏な感覚を育てることだ。ただ漠然と回数を行なうのではなく、重量にこだわるのでもなく、「その部位」をしっかり意識する。

ただ漠然と意識するのではなく、他の感覚も総動員するのだ。

一、その筋肉を「見る」
二、その筋肉を「触る」
三、その筋肉名を声に出し「聴く」

私はこれらを**「三感筋」**と呼んでいる。

このように感覚を総動員することで、筋肉への意識が高まっていく。その状態で筋肉を動かすのだ。感覚が鋭敏になっているから、しっかりとその部位だけを意識することができる。

そうすれば、必ず狙った筋肉に効かせることができる。それまでは腹筋をしていたつもりで、じつは脚の筋肉のほうに負荷が逃げていた、といったことにも気づけるようになる。

もし、なかなか筋肉に効かせる感覚が得られなかったとしても、大丈夫だ。その場合は、トレーニング種目を変えればよい。

じつは、**筋肉を意識しやすい種目と、そうでない種目がある**のだ。

たとえばバーベルを使ったベンチプレスでは、胸だけではなく肩や腕も使うことになるし、背中や脚の筋肉などもけっこう使う。

多関節種目は、多くの筋肉が連動するので、そのなかから一つだけを意識するのは難しい。意識が分散し、胸の筋肉に効かせるのは難しくなってくる。

とくに初心者で、感覚がまだ育っていない段階でこうした種目をいきなり行なっても、なかなか効かないのは当然だろう。

だが、そこで**種目をベンチプレスではなく、たとえば、ダンベルフライに替える。**

そうすれば、まったく違ってくる。単関節種目なので、格段に効かせやすくなるのだ。

そういう意味で、「ＢＩＧ３」といわれるバーベルベンチプレス、バーベルスクワット、そしてデッドリフトなどはよく知られた種目だが、多関節を使うだけに、初心者にとっては難易度が高いともいえるだろう。

たしかに重い重量を扱えるので満足感はあるが、感覚が育ちにくい。成果は少なくなってしまうのだ。

より少ない単関節を使った種目から入れば、地味で、扱う重量も軽くなるが、鋭敏な感覚も育ちやすくなる。

そのほうが遠回りのようでいて、結局は最短距離を行けるのだ。

見栄えでなく、中身を重視しよう。
五感を鋭敏にして筋トレをしよう。
そして、腹筋も割ろうではないか。

REASON 40

筋トレで夫婦関係もよくなる

「夫婦で筋トレ」には一石三鳥の価値がある

「熟年離婚」という言葉を聞くようになって久しい。

定年退職をしてこれから第二の人生、というタイミングで、妻のほうから離婚を切り出すケースが多いと聞く。

世の中の離婚のうち、五つに一つは熟年離婚というデータもある。残念ながら特別なことではなくなってきているようだ。

こんな時代だからこそ、筋トレをしよう。

夫婦で筋トレをすれば、離婚が減る。夫婦間のストレスは減り、喜びは一緒に共有できるようになる。

筋トレは夫婦円満の特効薬なのだ。

私は30年以上パーソナルトレーニングを指導しているが、ご夫婦でジムに通ってこられる方で離婚したという話は聞いたことがない。

一緒にトレーニングをして、一緒に体が強くなり、一緒に喜びを感じる。共通の関心事ができることで、運動だけでなく栄養や生活習慣にまで話題が増える。

コミュニケーションの頻度が増えれば、関係が良好に維持されることは心理学でも証明されている。

ここで、さらなる秘訣をお伝えしよう。

夫婦の筋トレは、女性がリードする。

ここがポイントだ。そもそも男性は、プライベートのコミュニケーションが下手だ。誰かに頭を下げて教わったり、集団のなかに入って何かをしたりするのが不得意な人が多い。

しかもその傾向は、年を取るほど顕著になる。できない自分を見せたくないから、行動をためらう。何もしないと徐々に体力や筋能力が衰えていくから、ますます行動したくなくなる、という悪循環だ。

中高年のひきこもりの約8割は男性、という統計があるのもうなずける。

一方、女性の場合はその逆だ。

人に教わることに抵抗が少ないし、コミュニケーションも上手だ。当然、ジムに通うのにも、女性のほうが行動しやすい。

だから、女性がリードすればよい。**筋トレをはじめるとき、妻が夫を誘って引っ**

張っていく。夫のほうは、それに抵抗せず、おとなしく引っ張られるだけでよいだろう。実際、私のジムでもそうやって夫婦で来られるケースが多い。

最初のうちは、男性はしかたなく、イヤイヤ来ることになるかもしれないが、大丈夫だ。すでにお伝えした筋トレの数々の好影響を体感するうちに、自ら望んで通いはじめるようになる。そして筋トレにどっぷりハマる。

私の経験上、このことは間違いない。

妻の側からしても、自分も健康になり、夫婦仲もよくなり、夫がいつまでも健康でいることで将来の介護の負担も減っていうことなし。一石三鳥だ。

筋トレは、妻が能動的で、夫が受け身。それは夫婦円満の秘訣でもある。
若いころは逆だったかもしれないが、中高年になったらそれがいい。
そして末長く仲よく、筋トレに励んでいただきたい。

REASON 41

筋トレで健康診断が楽しみになる

自分で自分の体をデザインする

1年に1回やってくる健康イベントといえば、健康診断だ。

若いうちはさほど気にもとめないが、年を重ねるにつれ、だんだん結果が気になってくる。血糖値の意味もわかるようになるし、血圧の正常値もわかるようになる。前の日だけお酒を控えてみたりもするし、数値が悪くて再検査になると、「やっぱり生活習慣を変えなきゃ」と反省したりもする。

だがあえていおう。

そのように受け身で健康診断を受けるのは、ナンセンスだ。**健康診断の目標数値は、自分で決めるべきものだ。**

そしてその数字になるよう、日頃の筋トレでコントロールする。**受け身で数値に振り回されるのではなく、能動的に自分の体をデザインする。健康診断は筋トレで「攻めて、楽しむ」のが正解なのだ。**

なぜなら、**「筋トレと健康診断は、とても相性がいい」**からだ。

まず、筋トレをすれば、確実に数値がよくなる。

筋肉のエネルギー源は糖だから、血糖値がよくなるのは当然だ。血圧を下げる物質も分泌されるので、血圧の数値もよくなる。

また、筋トレにより中性脂肪も分解され、悪玉コレステロールも減る。しかも基礎代謝が増えるから、好影響は長く続く。

健康診断は筋トレの成果をはかるためにあるのではないか。そう思うくらいだ。

次に**「目標にしやすい」**のもよい点だ。

健康診断の結果は明確に数字で出てくるので、努力の結果がわかりやすい。だから私のジムには、健康診断の結果をよくすることを、筋トレの数値目標にしている人がけっこういる。

若いうちは「○kg挙げる！」といった目標もよいが、年を重ねると、健康そのものが筋トレの目的になってくる。

筋トレの成果をはかり、励みにする目安として数値で出てくる健康診断は最適だ。

さらには、**「継続性がある」**のもポイントだ。

治療であれば、数値がよくなったとたんに努力はトーンダウンする。糖質制限食を食べていたのなら、血糖値がよくなれば元の食事に戻したくなるだろう。脂っこいものを控えていたのなら、中性脂肪の数値が下がれば、こってりしたご馳走を食べたくもなる。

だが筋トレは、そこが違う。

健康診断の数値がよくなると、その喜びを励みにますます筋トレをしたくなってくるのだ。

そしてさらに数値がよくなり、もっとトレーニングしたくなる、という好循環だ。

しかも、その影響は生活習慣全般に広がっていく。食生活がさらに健康的になったり、お酒の回数や量が減ったり……といった好影響があることは、筋トレにハマった人なら、誰もが共感してくれるだろう。

健康診断は、筋トレとともに「楽しむ」ものだ。
受け身で一喜一憂するのは今日を限りにもうやめよう。
体も、健康の数値も自分の望むようにデザインしよう。

REASON 42
筋トレで かっこよくなる

「若いころよりいまのほうがイケている人」の秘密

私のジムは中高年専門だが、みなさんたとえ何歳であろうと、筋肉が大きくなるにつれて、**かっこよくなっていく。**

きっかけは、小さなことだ。昔はいていたスカートがまたはけるようになったとか、ベルトの穴が昔の位置に戻った、といったことだ。

しかし筋トレを続けると、その小さなことが積み重なっていく。

腹筋を鍛え続けると、よりウエストがくびれていく。

大胸筋を鍛え続けることで、バストも大きくなっていく。

スクワットで大臀筋を鍛え続けると、ヒップがシェイプされていく。

そしてあるとき、ふと気づく。

「あれ、若いときよりも、いまの体型のほうが、かっこいいのでは!?」ということに。

そう、じつは加齢など、容姿にはあまり関係ないのだ。

かっこよさは、体型しだいで、体型は筋肉しだいだ。人は生きている限り、必ず新陳代謝をしているから、何歳になっても必ず筋肉は成長する。つまり、人は生きている限り、いつまでもかっこよくなり続けることができるのである。

だから長年多くの人の筋トレを見ていると、世の中でまことしやかに語られている

「常識」に、ちょっと首をかしげたくなることがある。

「年を取るから容姿が衰える」というのは、その代表例だろう。男性であれば、年を取れば必ずお腹が出てきて、胸板は薄くなり、腕も細くなる、というのは思い込みだ。女性であれば加齢によって必ず曲線美が失われ、貧相になっていくというのも思い込みだ。


体型だけではない。肌の張りやシワなどの、いわゆる「老化」なども同じことだ。実際に体の中で起こっているのは、筋肉が衰えることによって、新陳代謝が悪くなって、免疫力が下がり、各種のホルモン分泌が滞る、といったことだ。

つまり、**年を取るから老けるのではなく、筋肉が減ったために体の諸機能が低下した**、という面も大きい。

筋肉さえ維持できれば、こうした老化を遅らせることは、十分に可能なのだ。

そこに気づければ、あとは放っておいてもかっこよくなっていく。

自分の体型をより理想に近づけつつ、自分らしい着こなしを追求するようになる。

もちろん、私もその目標を最大限サポートさせてもらう。

ダイエットをしたいのか、筋肉を増やしていきたいのか。ダイエットならどの部位をどう減らし、筋肉ならばどの部位をどう大きくしたいのか——。理想とする体型を詳しく聞き、それに合わせた筋トレの計画を立てる。

結果が出るのはわかっている。あとは喜びの声が聞けるのを楽しみに、二人三脚で筋トレを続けるだけだ。


つまらない「常識」などは覆そう。

年を重ねるほどに、よりかっこよくなろうではないか。

筋トレが、それを実現してくれる。

REASON 43

筋トレでおしゃれになる

「着こなしは筋肉で決まる」

「もっとおしゃれに、服を着こなしたい」という欲求は大きいものがある。
だがここで、多くの人が大事なことを見落としている。
それは、**「着こなしは筋肉で決まる」**という事実だ。

筋肉が少なければ、服は似合わない。貧相な印象を与えてしまい、「服に着られる」ことになってしまうだろう。逆に、筋肉が大きく、メリハリのある体なら、どんな洋服を着ていてもかっこよく決まる。極端な話、Tシャツにジーンズでも、ファッションモデルのように、さまになる。

考えてみれば、これは当たり前のことだ。私たちは普段、「洋服」を着ている。洋服はもともと西洋人がつくったものだから、彼らの体型に似合うようにできている。そして彼らの体型は一般に、日本人よりも筋肉が大きいのだ。だから洋服をかっこよく着こなそうと思ったら、筋トレが必要不可欠になるのは当然なのだ。

たとえば、**大胸筋は大きなポイント**だろう。胸板が貧相では、ジャケットなどは悲しいほど似合わない。しかし分厚い胸板なら、男性であれば、風格と貫録を醸し出してくれる。女性であれば、筋肉の土台がバストのサイズを底上げしてくれるし、張りのある形も保ってくれるだろう。

背中の筋肉も重要だ。背中の筋肉は、いわゆる「逆三角形」の体型をつくってくれる。男性も女性も、背中の筋肉こそかっこよさの基本、といっても過言ではない。背中を鍛えれば脊柱起立筋《せきちゆうきりつきん》も強くなるから、背筋もピンと伸び、印象も格段によくなる。

腹筋も大事だ。メリハリのポイントになってくる。ウエストがキュッとしまっていれば、男性であれば上半身の大きさが一段と強調され、たくましい印象を与えてくれる。

女性なら、バストだけでなくヒップも強調されるから、ボディラインの美しさがより相手に印象づけられることだろう。

洋服の着こなしは、筋肉で決まる。
ワンランク上の着こなしをしようと思ったら、筋トレこそが最適解だ。
筋トレであなたの理想の体をオーダーメイドし、おしゃれを楽しもう。

REASON 44

筋トレで挑戦意欲が湧く

過去の身体能力は必ず取り戻せる

あなたは、「年を取ると身体能力が衰える」と思っていないだろうか。
そのせいで、年を重ねるたびに新しいことに挑戦しなくなる。
活動量が減る。
そして本当に心も体もしぼんでいってしまうとしたら、じつに残念なことだ。

ここで断言しよう。

筋トレをすれば、多くの人は20代、30代のころの身体能力を取り戻せる。それだけではない。「新しいこと」にどんどんチャレンジしたくなる。そして心の張りも、人生の張りも取り戻せるのだ。

たしかに、身体能力の上限は、低くなっているだろう。

たとえば50歳になってからトレーニングをして、世界の超一流レベルになれるとは私も思わない。

しかし、考えてみてほしい。あなたは20代、30代のころに、潜在能力をどれだけ開花させただろうか？

世界レベルのトップアスリートだったならいざ知らず、多くの人はまだまだ伸び代を残していたはずだ。いやむしろ、ほとんどの潜在能力は眠ったままだったのではないか。

であれば、上限などあまり関係ないではないか。伸び代はまだまだ残っている。

自分基準で考えればいいのだ。いまからでも筋トレをすれば、若いころの能力を取り戻すことは十分可能だし、そのハードルは思っているほど高くはないのだ。

実際、人によっては50歳を過ぎてから、自己ベストの身体能力になってしまうこともめずらしくない。

たとえば私のジムに通われ続けている方は、「いったんはあきらめたんだけど、やっぱりマスターズ陸上の大会に出てみようかな」とか、「シニアのゴルフ大会に挑戦したくなった」という方が多い。

本当にすばらしいことだ。

過去の自分の能力を超えたことに気づくと、「もっと上を目指してみよう」と、自然とチャレンジ精神が湧いてくるのだ。

かくいう私も、60代が見えてきたいまでも、過去にできたことはだいたいできる。100mを11秒台で走れるし、バスケットボールのリングにジャンプしてぶら下がれるし、野球の遠投なら100m以上投げられる。

そのせいか、いろいろなことにチャレンジしたい気持ちが強い。いわゆる「中年」といわれる年齢を過ぎてから大学院にも行ったし、会社をつくって起業もした。いずれ上場も目指したいと思っている。ますますチャレンジ精神が湧いてくる実感がある。

すべては筋トレだ。
あなたも筋トレで、若いころの身体能力を取り戻そう。
そして長い人生、ワクワクしながらチャレンジし続けよう。

REASON 45

筋トレで人間関係がうまくいく

相手を変えるのではなく、筋トレで自分を変えよう

人間関係は難しい。人との出会いやつきあいは、私たちに多くの喜びを与えてくれる一方で、大きな苦痛の原因ともなる。複雑で、常に変化していくのが人間関係だ。

そんな難しい人間関係だが、確実にわかっていることもある。それは、**「相手を変**

えることはできない。だから自分が変わるしかない」ということだ。

では、どう自分を変えればよいのか――？

答えは、筋トレだ。筋トレをすると、自分の中から「解釈」が変わる。ここがポイントだ。

人間関係がうまくいかないときは、ネガティブに物事を解釈しているときだ。イヤなことをいわれた、気にさわる態度を取られた、それが相手への反感や攻撃につながり、逆に相手からも反撃されて……という悪循環だ。

しかし筋トレをすると、そこが変わる。

自分の体が強くなり、不調もなく、活力に満ちているときは、ポジティブな解釈が増える。脳も体の一部なのだから、それは当然なのだ。相手の言動をいいほうに解釈したり、大目に見てあげたり、過ちを許す余裕も出てくるだろう。そして、その結果、あなたも同じように好意的に接してもらえる機会が増える、という好循環だ。

さらには、**人間は動物なので、生き物としての強さが自信につながってくる。**

ストレスの多い状況でも、「何かあっても、自分は生き残れる」という自信があれば、ストレスによる消耗度合がまったく違う。

仮にイヤな相手に我慢しなければいけないとしても、たとえば「もし戦うことになっても、自分はコイツに勝利できる」と心の底で確信していれば、不思議と余裕が出てくるものだ。

そんな戦いになる可能性はほとんどないのだが、自信と活力があれば、人間関係が好転することが多いのも、また事実だ。**私たちは動物だ、という事実を忘れては、ストレスマネジメントなどできない。**そういうことだろう。


相手ではなく、自分を変えよう。

自分を強くすれば、人間関係はよくなる。

そのための筋トレだ。ジムに行こうではないか。明日ではない。今日だ。

REASON 46

筋トレで最低10歳、若返る

「見た目年齢」格差は今後ますます広がっていく

あなたは、「定年退職」という言葉に、どんなイメージを持っているだろうか？

もう昔の話だが、私が社会人になったころは、定年の年齢は55歳だった。退職する人が正門から出ていくのを、社員一同でよく見送ったものだ。おぼつかない足取りで、ゆっくり出ていくシーンが印象に残っている。

当時の私の定年退職をする人のイメージをひとことでいえば、「老人」というものだった。そして現在。55歳は中高年と呼ばれる年齢で、半分は中年、半分は高齢者というイメージに変わった。なかには昔のように老け込んだ55歳もいるが、まだまだ若い人もいる。

たとえば私のジムに来られる中高年には、**少なくとも実年齢より10歳は若く見える人が多い。**その昔、定年退職の人を何人も見送ったが、こんなに若々しい人は誰もいなかった。

かくいう私も、当時でいえば定年退職の年齢を過ぎているが、むしろ過去最高のパワーと筋肉量だ。

筋トレをしていると、成長する実感が日々あり、「老人」などという感覚はたとえ一瞬たりとも、頭の片隅にすらよぎることはない。

ようするに、**若さは人それぞれ。個人差が大きい時代になった**ということだ。

こうした「若さの差」は、今後ますます拡大することだろう。

現在は65歳定年制が導入されつつあるので、再雇用まで含めれば、すでに65歳が定年だといえる。

昔より定年が10年伸びた分、老けた人と、若々しい人の差はますます開いていく。

定年になってすっかり老人のようになってしまう65歳が増える一方で、私のジムに来られる方々のように、元気いっぱいで、目を輝かせている65歳も増えるだろう。

そのように**「若さ」に差がついてしまう理由は、運動と栄養、これに尽きる**だろう。

医療も進歩したが、日本では国民皆保険制度があるため、そこに格差は少ない。差がついたのは、病気になる以前の段階だ。病気にならない段階での生活習慣であり、それはつまり、運動と栄養の習慣のことなのだ。

だからこそ、筋トレだ。

筋トレは運動と栄養の最先端の知識を、もっとも具体的な形で実践するものだ。

筋肉は、そこに栄養学の裏付けがあってはじめて、効果的に育てることができる。

逆に知識だけでもダメで、そこに強い意志をともなった行動がない限り、かっこいい筋肉が得られることはない。


だから筋トレを行なう人は、運動と栄養のバランスを高いレベルで、自然と両立させていくことになるし、情報力も高い。私のような筋肉マニアが、世の中には大勢いるためだ。筋肉のために役立ちそうな運動と栄養に関する情報は、あっという間に伝わり、実践され、周囲に拡散される。**筋トレをしていれば、最先端の運動理論と栄養学の情報が、自然と入ってくるのだ。**


筋トレする人はますます若さを維持し、しない人はますます老け込む。

この格差は今後、広がることはあっても縮まることはない。

もちろんあなたには、前者になってほしい。

REASON 47

筋トレで食生活が改善する

体を変え、意識が変われば、食事も変わる

つい食べすぎたり、間食をしたりしてしまう人は多いだろう。
その気持ちはよくわかる。
頭ではよくないと思いつつ、なかなか逆らえないのが食欲というものだ。
なかには、罪悪感で自己嫌悪に陥ってしまう人もいる。

だが、ちょっと待ってほしい。

食事の習慣を無理に変えようとすることは、あまり意味がないのだ。なぜなら、意志の力だけでは食事を変えることはできないし、そもそも変える必要もないからだ。

このことを知っておくのと知らないのとでは、あなたの健康に大きな差が出てくることになる。


たとえば、よく私のジムには、「ガッツリとやりたい」という男性が来る。

ガッツリ食事も変えて、筋トレをガツガツやりたい、と意気込んでいる。

その意気は買うのだが、その「ガッツリ」が長く続くことはない。

30年以上のパーソナルトレーナー歴からいわせてもらえば、続いてもせいぜい1か月程度だろう。翌月になればもう、「ガッツリ」という言葉は出てこない。


モチベーションには波がある。もし高い波に合わせて食事を無理に変えてしまうと、

波が下がったときに、不本意ながら元に戻ってしまうことになる。それでは罪悪感が生まれてしまい、自己嫌悪となり、前向きな意欲すら失われてしまうだろう。

リバウンドはかくして起こるのだ。

それでは元も子もない。だから**食事を無理に変えてはいけない**のだ。

また、そもそも食事は、それほど変える必要がない。ボディビルダーのように体脂肪率を3%くらいまで下げるのであれば、たしかに食事をゼロから組み立て直す必要があるだろう。「グラム単位」で栄養素を把握し、綿密にメニューを組み立てる必要がある。

しかしそこまで目指さないのであれば、いままでの食事をベースにすれば十分だ。

食事のタイミングをちょっと変える。

食べる量は変えずに、回数を分けてみる。

あるいは1品だけ変えてみたり、量をちょっと減らしてみたりする。

そして筋トレをがんばる。楽しんでやる。体脂肪率を10％台前半にする程度であれば、これだけで十分な効果が得られる。体はみるみる変わっていくだろう。

ようするに、**「続ける」ことが何より大切**なのだ　一時的なモチベーションから無理に食生活を変えてしまうと、その肝心のところが危うくなってしまう。

だから無理は禁物だし、中長期で考えなければいけない。3か月程度しか続けない前提で、そのあとリバウンドしてもかまわない、というなら別だが、それに意味があるだろうか。

すぐに得られるものは、すぐに失われてしまう。このことを忘れてはならない。

人生のなかに、生活習慣として筋トレを溶け込ませていこう。
まず体が変わり、意識が変わり、その結果として、食生活も無理なく変わる。
この順番で、健康な食生活と肉体が、ともにあなたのものになる。

REASON 48
筋トレで親孝行ができる

高齢化社会の「新常識」

自分の親には、いつまでも元気でいてほしいものだ。

だから危ない目にはあってほしくないし、外出を控えるよううながしたり、住まいをバリアフリーにしたりしたくもなる。

筋トレも「危ないからダメ」と親に禁止している人も多い。私も高齢の母親がいるから、そう考えたくなる気持ちもよくわかるが、残念ながら、それは逆効果になってしまうことがある。

むしろ**筋トレをすすめることこそ、正しい親孝行**だ。こと高齢の親に関しては、過保護こそ控えなければならない。

なぜか？　**人間の体はよくも悪くも、環境に適応するようにできているからだ。**

たとえば、外出を控え、バリアフリーの家に住み続けるとどうなるか。

体に負荷がかからなければ、筋力は自然と落ちる。筋力が落ちれば、血流も減って脳に栄養が行き渡らなくなり、認知症にもなりやすくなってしまう。

私は大学院で、脳と筋トレの関連を専門に研究していた。認知症は、脳の機能低下による疾患の一つであり、筋トレとの関係は深い。

また、筋力が低下することで外出がおっくうになるから、引きこもりがちになる。さらに脳への刺激が減り、ますます認知症になりやすくなるという悪循環なのだ。

バリアフリーの家にいると、体が筋肉をつくる必要性も減ってくるので、食欲も減り、食の楽しみを求めて意欲的に行動することも減っていくだろう。人生から徐々に、活力が失われていく。


人間はこのように、環境に適応するようにできている。

何もしなくても生きていける環境になってしまえば、体も脳も、機能を低下させていく。あなたの親御さんとて例外ではないことに、気づかなければならない。

だからこそ、親には筋トレをすすめるべきなのだ。

人間の体は環境に適応するのだから、ある程度の体力が必要な環境にしてあげればよい。**筋トレをすれば、体に「まだまだ筋力が必要だ」というメッセージを送ることになる。体は筋肉をつくり出し、血流が増え、脳に栄養が行き渡る。認知症の予防、回復につながる。**


筋肉をつくるためには栄養が必要だ。だから、食欲も増し、生きる楽しみもまた増えていく。生活が活動的になり、さらに脳も活性化していく。結果、人生全般に対しての意欲が復活することだろう。

筋トレこそ親孝行だという理由が、おわかりいただけたものと思う。

私はバリアフリーの住宅のすべてを否定するつもりはない。そうした環境がどうしても必要な人もいるだろう。

しかし、安易に過保護になることで、逆にそういう状態に親を追い込んでしまう危険性があることは、ぜひ心にとめておいてほしい。

高齢になるほど、筋肉を落とさない努力と工夫が必要になる。

筋トレのすすめこそ、親孝行。
それを知ってほしい。
これが高齢化社会の、新しい常識なのだ。

「鍛《きた》える」理由《りゆう》48

著　者――枝光聖人（えだみつ・まさと）
発行者――押鐘太陽
発行所――株式会社三笠書房
〒102-0072 東京都千代田区飯田橋3-3-1
電話：(03)5226-5734（営業部）
　　：(03)5226-5731（編集部）
https://www.mikasashobo.co.jp
印　刷――誠宏印刷
製　本――若林製本工場

ISBN978-4-8379-2945-1 C0030